KB188425

찬 · 찬 · 히 · 가 · 슴 · 으 · 로 · 읽 · 는 · 목 · 회 · 시 · 집

인생 사계

나눔의 교회 목회 이야기

인생 사계

곽충환 지음

베드로서원

차례

Story1. 목사이기에

Story2. 영혼 사랑, 영혼 구원

Story3. 시로 담은 목회

Story4. 가슴 따뜻한 이야기

Story5. 선교와 전도

Story6. 성전 건축

Story7. 산다는 건

Story8. 나눔의교회

부끄럽고도 아깝고도 아쉬운 고백

고무송 목사
(한국교회인물연구소 소장)

장신대 신대원 77기엔 '충환'이란 이름을 갖고 있는 친구가 세 명이
나 있었다. 한 친구는 선교사로 나갔고, 다른 친구는 신학대학 교수로
재직하고 있다. 그리고 또 한 친구는 목회자로 교회를 섬기고 있는데
그가 바로 곽충환이다.

그는 오랫동안 펄벅(Pearl Sydenstricker Buck)의 소설『숨은 꽃』처럼 꽁
꽁 숨겨져 있었다. 어디서 무엇을 하고 있는지 아는 동기가 드물었다.
그런데 어느 날 그가 동기 모임에 혜성처럼 등장했다. 77기가 졸업 25
주년 홈커밍데이(HomeComing Day)를 치르는 일에 그의 손길이 필요했
던 것이다.

곽 목사는 서울 한복판 중구에서 교회를 개척, 그 교회에 올인했
다.『인생사계』에 담겨있는 이야기들은 바로 그가 개척하고 20년 동안
붙들고 씨름했던 나눔의교회 이야기이다. 120편의 이야기들은 시편
이요, 수필이요, 장편소설이요, 더러는 콩트요, 어쩌면 신앙고백이라
할 수 있다.

그는 스스로 시인이 아니라고 고백한다. 맞다! 그러나 그 어느 시편이 이토록 명징(明澄)할까! 어느 수필이 이처럼 담백(淡白)할까! 그가 뽑아낸 글 속엔 땀과 눈물과 기도가 담겨 있다. 그가 뽑아낸 글은 맑고, 정직하고, 투명하고, 어쩌면 전라도 흙냄새가 물씬 풍긴다. 전남 장성 시골 교회 부흥회 이야기가 그렇고, 교회 김장 담그는 이야기가 그렇고, 그 김치 속에 젓갈을 넣는다는 것도 영락없는 전라도사람이다. 그런데 정작 그는 충청도 사람이란다.

아무려나, 교회 뒤뜰에 김칫독 파묻어 놓고 포기 포기 뽑아먹는 맛을 그는 교인들과 함께 즐겼을 것이다. '서울 한복판 중구'에 세워진 교회라고 역설하지만, 실은 약수동 언저리에 세워진 걸 보면, 그땐 영락없는 달동네였을 적 이야기 아니겠는가!

곽 목사는 언제부터 이런 글들을 썼던고? 부끄럽고도 아깝고도 아쉽다. 필자가 교단신문 기독공보 편집국장과 사장을 거친 세월이 1990년대 후반에서 2000년대 중반을 넘겼으니까, 그때 그는 나눔의교회를 개척하고 그 교회를 붙들고 무진애를 쓰고 있었을 것이다.

그럼에도 어쩜 필자는 그토록 까맣게 이런 글을 쓰고 있는 곽 목사를 몰랐을까? 진정 부끄럽고 아깝고 아쉽다. 그때 많은 목회자들, 그리고 교인들과 더불어 나눴어야 마땅한 글이거늘!

곽 목사는 엉뚱한 사람이다. 지난 여름, 77기 100여 명이 대마도정벌(對馬島征伐?)에 나섰겠다. 그때 동기회 서기를 맡고 있었던 그는 수상쩍은 대포(大砲)를 메고 나타났다. 그리고 그것을 조심스레 메고 대마도에 상륙했다. 도착한 첫날 밤 우리는 대마도정벌 자축연을 가졌다. 이른바 노래방을 펼친 것이다. 그가 고이 모셔 온 대포는 다름 아닌, 노래방 스크린이었다. 그리고 우리는 깜짝 놀랐다. 새색시 같은 곽 목사가 자축연 노래방 프로그램 진행자로 좌중을 휘어잡고 있는 것이 아니겠는가?

나눔의교회 현장에서 곽 목사가 빚어내고 있는 20년 세월속의 크고 작은 이야기들, 그것은 엉뚱한 사람 곽 목사만이 연출해 낼 수 있는 파토스(Pathos)와 에토스(Ethos)이며, 현장감 넘치는 다큐멘터리 드라마(Documentary Drama)요, 더러는 우스꽝스런 개그(Gag)요, 그러기에 그것들은 '인생사계' 라 할 수 있는 것들이요, 그것은 인생 파노라마(HumanPanorama)가 아닐 수 없는 것이다.

'지은이의 글' 에서 저자 곽충환 목사가 밝히고 있는 것처럼, 이 책은 그의 진솔한 신앙고백이요, 어쩌면 나눔의교회 교인들과 더불어 나누었던 뜨끈뜨끈한 사랑의 고백인지도 모를 일이다.

그러나 곽 목사님, 결코,

이 책은 교회 식구들과 가족들,

그리고 몇몇 지인들하고만 나누고픈 이야기라고,

그렇게 소박한 마음을 펼치시는 곽충환 목사님!

삼가 아뢰옵기는, 아닙니다! 결코 아니올시다!

이 책은 온 세계에 흩어진 모든 하나님의 사람들이 읽어

가슴 깊이 새겨 마땅한 책이외다.

그렇게 주님께서 역사하실 줄 믿습니다. 아멘!

목회 시를 쓰며

이 책에 실린 글을 쓸 즈음
저는 시인도 아니고, 등단한 적도 없었습니다.
체계적으로 시를 배우지도 않았습니다.

단지 정녕 목사이고 싶었고
그렇게 교인을 사랑하고픈 것뿐이었는데,
어느 날 그 마음이 시가 되어 제게로 찾아왔습니다.

나눔의교회를 개척하여 섬겨 오는 동안
은혜, 감동, 영혼, 연약, 심지어 실수마저도
버릴 것 하나 없는 하나님의 선물임을 알고
흘려보내고 싶지 않았습니다.

이곳에 머물러 있는 시들은
밀레니엄 시작 쯤부터 성전 건축에 이르는 5년여 시점의
목회의 편린, 믿음의 공통분모들입니다.

물론 그때 상황 그대로 옮겼습니다.
지금 보면 격세지감이 있는 것도 있으나
그때는 그 모습이 진실이었습니다.

이 일에 멋진 포즈로
모델이 되어 준 나눔의교회 교인들과 장로님들과
남편을, 아빠를 그 자리에 든든히 서 있게 한
아내와 애린이, 우림이에게
그리고 직접 편집에 참여해 준 지평서원 대표 부부와
부족한 글 임에도 마음 묶어 출판을 해 주신 베드로서원과
모자람에도 불구하고 넉넉히 보아 주시는 모든 분들께
하여, 진정 고마운 마음을 전합니다.

유난히 무더웠던 여름 덕에
어느새 알밤은 토실하게 터지고
귀뚜리는 밤새 울고 들판은 옷을 갈아입고 있습니다.

인생의 겨울이 오기 전 내내 평강하소서.

2023년 10월에

* 3번째 판을 내면서 예전 글 대부분 그대로이나, 조금 다듬은 수정본입니다.

Story 1

목사이기에

인생사계

유럽에 두 달 동안 머문 적이 있습니다. 민들레꽃 가득한
오스트리아의 초원은 분명 4,5월 봄이었는데, 스위스의 알프스를
넘나들 때는 하얀 겨울이었습니다. 프랑스 남부의 해변에서는 비키니를
입은 한여름을 만났습니다. 잠깐 동안 세 계절을 한꺼번에 만났습니다.
목회를 하다 보면 하루에도 사계절을 만날 때가 있습니다.

오전엔 발인 예배로
오후엔 돌 예배에
저녁엔 아기 출생 축하를
그렇게 보낸 토요일 하루
이처럼 봄소식이 화사할 땐 결혼식 주례

자동차 안엔 언제나 검정 넥타이
가는 곳 따라 코디하는 연출이라
넥타이를 갈아 차듯 내 감정도 바뀌어야지
즐거워하는 자들로 함께 즐거워하고
우는 자들로 함께 울어야 한댔지

김 집사님 장례에선
죽어야 다시 사는 인생의 겸허를
하빈이 돌에서는
함께 자라 나갈 교회의 꿈을 읽고

새 아가 이름 지으며 만날 설렘은 차라리 신비

봄인가 했더니 여름이 오고
짙푸른 녹음이 단풍이 되듯
홀연히 찾아올 인생의 겨울
내 인생의 사계는 어디쯤일까

지금은 차마 보내기 아쉬운 봄날이어라

저는 목사입니다

아내는 가끔 저에게
자기가 아내가 아니라
교인이었으면 좋겠다고 합니다

교인 일은 천 리 길을 가면서도
가족 일은 십 리 길도 안 간다나요

집안일을 거들지 않는
저를 보고는
아마 교회 일이라면
그러지 않았을 거라고 핀잔합니다

교회 재정 걱정은 해도
집안 살림이 어찌 돌아가는지
마이너스 통장에 잔고가 얼마인지
관심조차 쓰지 않는 남편 목사가
얄미운가 봅니다

아이 입학식 날도
심방으로 보내고

할아버지 추도식 때는
수요예배드리고
장모님 우리 집 오서서 일주일을 계서도
남산 꽃구경 한 번 못해 드렸거든요

어머님 생신 축하하는 오늘
객지 자식 모두 대전 동생 집에 모였는데
장남인 저는 결혼 주례 때문에
다섯 시간 차 타고 양산으로 가네요

아내에게도
부모에게도
자식에게도
제자리를 못 찾는
저는 목사입니다

부끄러운 날에는

모든 이들을 위로해 주며 살아야 하는 목사이건만
목사도 위로 받아야 살 수 있습니다.

설교를 죽 쑨 날은
고속도로를 질주해야지
차 창문을 양껏 열어 놓고
받아치는 바람으로
얼굴에 붙은 부끄러움을 씻어 내야 해

누군가의 마음을 아프게 한 날은
아는 사람 하나 없는 곳으로 가야만 하지
사라사테의 치고이너바이젠 크게 틀고
애잔한 바이올린 소리에 묻혀
갈 길 먼 목사임을 고백해야 해

때때로 교회의 부흥이 더딜 때에는
내 영혼을 일깨웠던 수도원으로 가야지
형식과 명예와 성공의 신화를 깨고
고독한 산자락 기도 굴속에서
한 영혼을 사랑했던 성 프란시스를 만나야지

설교를 죽 쑨 날도
누군가의 마음을 상하게 한 날도
교회 부흥이 더딘 때도 많았지마는

고속도로를 달리기 전
수도원으로 가기 전
치고이너바이젠을 듣기 전
나는 언제나 주님의 위로를 먼저 듣는다
남을 위로하기 전 너부터 위로하라는

때로는 부끄러워 힘들 때마다
내가 먼저 나를 받아들여야 견딜 수 있네
내가 먼저 나를 위로해야만 살 수가 있네

행복한 목사

고마운 일을 많이 생각하면 행복한 사람이 되더라구요.

교인들이 기도할 때마다
저는 사랑의 빚을 집니다

목사인 제가
교인 위해 드리는 기도보다
교인이 목사 위해 드리는 기도가
아무리 따져 보아도
언제나 많으니까요

목사의 영성뿐 아니라
건강과 가족들 일상사까지도
일일이 빼놓지 않고
매번 기도하시니
목사인 저는 거저 사는 느낌입니다

우리 아이들이 잘 자람도
제 건강이 유지되는 것도
모두 모두
교인들 기도 응답입니다

목사 되길 잘했다는 생각이 들 때도
솔직히 말해 사명을 감당할 때보다는
교인들과 사랑을 나눌 때인 걸 보면
아직도 저는 하나님 앞에 덜떨어진
목사가 분명한가 봅니다

말하지 않아도 다가오는 정겨움은
기도로 묶인 사랑의 정 때문입니다
우리 교인들이 그래서 좋습니다

누가 뭐래도 이럴 때
저는 행복한 목사가 됩니다

생일날에

제 삶의 가장 큰 이벤트는 하나님께서 저를 이 땅에 보내신 일 입니다.

새벽 기도 나서는 길
오늘은 또 오죽 추웠나요
현관문 열자마자 유 집사님과 청년들이
케이크에 촛불 켜 들고, 꽃다발 들고는
'목사님 생일 축하합니다'
웬 이벤트!
추운 날 새벽 따스한 가슴이 차오른다

저녁엔 교회 식당에 들어서자
장로님, 권사님, 안수집사님들 박수 박수
조촐한 밥상
그러나 세상에서 가장 풍성한 잔치

최 장로님 목청 가누어 사회를 보고
박 장로님 간곡히 우리 목사님 건강과
한 시대에 쓰임 받도록 기도 올리고
권사님들 종일 모락모락
존경과 사랑으로 식탁을 차렸다

칠순 바라보는 곽 집사님은 소녀의 마음으로
장미꽃 쉰한 송이를 색색이 꽂았다
안수집사님들의 정겨운 축하
권사님들의 그윽한 사랑
여전도회원들의 장미꽃 릴레이
아들딸의 깜짝 쇼!
감동도 함께 삼킨 윤 장로님 식사 기도
우리 장로님들의 기획이란다

난생 처음이다, 이런 생일 축하는
나 같은 것이 무엇이건대 이런 사랑 누리나
나눔의교회 목사 되길 정말 잘했다

때마침 걸려 온 어머니 전화
날 낳으시느라고 얼마나 고생하셨느냐고 했더니
너 낳고 얼마나 좋았는지 아느냐고 되레 물으신다

참 감사하여라
태초부터 작정하신 하나님의 이날!

교인이 떠날 때

연말연시가 되면 목사에겐 가슴 설렘(?)이 있습니다.
그동안 담임 목사님에게 차마 말할 수 없어 머뭇거리다가
한 해가 바뀔 때쯤 '교회를 떠난다'는 일방 통첩 때문입니다.
물론 그마저도 하나님의 섭리요, 새 사람이 그 자리를 채워 준다는
것도 알지만 이유야 어떻든 허전하지요.
몇 년 전 엄청 눈 오는 날, '이분이야말로 우리 교회 맨man이다'라고
철석같이 믿었던 가정이 말없이 떠난다고 했을 때,
함께했던 믿음의 비전과 추억이 아쉬워 '그리움'을 묶었습니다.

만남은 헤어짐의 기약이라지
가야 할 길들이 따로 있는 걸

이별의 섭섭함을 기억치 말고
함께 있던 행복을 찾아내야 해

부모님도 떠나고 자식도 가는 걸
그렇다고 그대를 남(他人)이랄 순 없잖아

사랑한 것만큼 사랑의 사람 되고
좋아했던 것만큼 좋은 사람 되었지

그대 있었기에 하늘도 파랬고
같이 뒹굴었기에 아픔도 기쁨인 걸

떠남이 혹한의 추위라 하여도
추억의 훈풍들을 몰아낼 순 없잖니

새해엔 다시 만남의 길을 떠나자
만나는 모두를 사랑하며 살아야지
떠났던 그대도 다시 올지 모르잖아

하얀 눈이 오는데 하늘은 검다

바쁘다는 건

교인들이 '우리 목사님은 많이 바쁘시다' 라고 말할 때
'목회 열심히 하신다' 라는 사려 깊은 배려라는 생각도 들지만,
때로는 그렇지 않을 수도 있다는 생각이 들었습니다.

바쁘다는 건
기도할 시간이 없다는 말입니다

바쁘다는 건
성경을 못 읽고 있다는 말입니다

지난 한 주간
책 한 권도 못 읽었습니다
생각할 여유도 못 가졌습니다

내가 짠 시간표는 없고
남이 짜 준 시간표만 있습니다
허깨비처럼 살아갑니다

긴급한 일에 늘 쫓겨
중요한 일은 뒷전입니다
그럴수록 메말라 가는 내 영혼을 봅니다

'목사님, 많이 바쁘시지요'
그 말을 들을 때마다 나는
'기도도 못 하고 말씀도 못 읽지요' 라는
말처럼 들려 부끄럽습니다

바쁘게 살지 말아야 합니다

나를 떠나면

마흔네 살에 떠난 유망한 후배 목사를 생각하며

대학 후배 목사의 소천 소식
아직 마흔 넷, 젊은 나이
일곱 살 딸과 다섯 살 아들은 어쩌려고
성도들에겐 그리움만 남긴 채

교회 성장에 대한
부담과 과로
그리고 스트레스
생긴 병은 깊어만 가고

그 멋진 후배 목사는
영정에서도 끝내 웃었습니다

조문을 마치고 돌아오는 길에
나의 아집
나의 성공
내 목회를 버려야만
나도 살 수 있다는 생각이 들었습니다

홍승표 목사님이 건네준
작은 책에 있는 한 편의 시가
제 마음을 달랬습니다

어디 우산 놓고 오듯
어디 나를 놓고 오지도
못하고
이 고생이구나

나를 떠나면
두루 하늘이고
사랑이고
자유인 것을

_ 정현종의 '어디 우산 놓고 오듯'

그래도
그 사모님의 한 맺힌 기도 부탁은
여전히 떠나질 않습니다

변하지 마세요, 목사님

교인들의 한결 같은 바람이 그것이었습니다.

함께 차 타고 가던 젊은 집사님이 말했습니다

- 목사님, 저는요
지금의 나눔의교회와 목사님이 무지 좋아요
그런데 걱정이 하나 있어요

- 무슨 걱정인데요?

- 우리 교회가 앞으로 커졌을 때 목사님이 변할까 봐요

- 왜 그런 생각을 하지요?

- 교회가 커지면 목사님들이 많이 변하시더라고요
그 부분을 교인들이 제일 힘들어해요
우리 목사님은 그러지 않았으면 해서요

- 고마워요. 내 명심할게요
그런데 나도 한 가지 부탁 좀 할까요?

- 부탁이라뇨. 말씀하세요. 순종할게요

- 목사가 자신도 모르게 변해 가고 있을 때
그러시면 안 된다고 말해 줄 수 있겠나요?

묵묵 부답… 어렵게 입을 열기를

- 목사님이 변할 때에는 무슨 말을 해도 안 들으시더라고요
얘기해도 소용 없어요

- 그러면 어찌하려고요?

- 목사님이 변하시면 조용히 교회를 떠나는 수밖에 없어요

- 아하, 내 그대 같은 집사님을 떠나보내면 목회 실패지요
집사님이 그럴라치면 내 꼭 하나님 앞에 나를 돌아보리라

주의 종을 아끼는 진솔한 마음
영으로 이어지는 행복한 대화

오십이 되고 보니

어느 날, 정신을 차리고 보니 쉰 살이 되었습니다.
돌아보니 구비구비 아슬아슬 했습니다.
하나님 은혜에 감사했고,
그렇게 살아온 저를 제가 격려했습니다.

미안하다 시간아,
오십 년을 한결같이
나를 믿고 매일 찾아왔건만
귀한 손님으로 아니 맞고
홀대로 대해 주어 정말 미안하다

고맙다 육신아,
오십 년 세월에 도둑처럼 날아든
교통사고, 물난리, 심장마비,
모두 비켜 가 주어 너무도 고맙다

대견하다 영혼아,
믿음의 확신 없어 때로는 방황하고
길 아닌 길 널려 있는 그 많은 유혹에도
한눈 안 팔고 영생의 길 가도록
이만큼 버텨 주어 참으로 대견하다

소망한다 세월아,
질곡의 길 걸었어도
그것마저 합력하여 선을 이루니
나이 들수록 정금 같을
내 남은 세월의 나이를 소망한다

하여
감사합니다 하나님,
오십 살의 오늘
나의 나 된 것은
남김없이 모두 하나님의 은혜입니다

신정 때는 아직 구정이 아니라서
오십이 아니더니
설 명절이 지나니 정말로 오십이네

나이 오십이 되고 보니
뒤늦게 철드는 정녕 고마움과 미안함

한 해를 보내며

새해를 맞으려고 이발소에 갔습니다. 머리카락을 자르면서,
세월을 다듬으시는 하나님을 보았습니다.

덥수룩한 내 머리카락 같은
한 해가 간다
사각 사각 가위 소리에
과거가 잘려 나간다

들쑥날쑥 고르지 못한 자아
한 가닥 홀로 삐져나온 교만
희끗희끗 못 어우르는 독선
바람 불면 흩날리는 정욕의 덩이

때로는 거칠게 때로는 부드럽게
이발사의 손놀림에 다듬어져 간다
덕지덕지 묻어온 잊고픈 자화상이
하나하나 잘려 나가 발밑에 쌓인다

거룩한 하나님의 잣대 앞에
비켜날 수 없는 눈동자 앞에
쌓인 머리카락 개수만큼이나

죄인이 된다
그래서 잊고픈 망년

그래도 다시 새해가 온다고
머리 다듬으시는 이발사 하나님

아내는 수술 중

당신이 아파할 때야 비로소 깨닫습니다.
그대 있음에 내가 있는 의미를!

아내의 이름이 전광판에 올랐다
수술 중!
병원에서 아내를 기다리긴 세 번째
첫 아이, 둘째 아이 때 분만실 복도에서

들리는 비명,
그렇게 기다릴 때마다
아무것도 해 줄 수 없다는 남편의 무력감
기도는 더욱 간절해지고

가슴에 잡히는 1.2㎝ 몽우리
엑스레이도, 초음파도 무엇인지 모른다고
그 정도면 꽤나 진행되었을 것이라던데
만약 암이면 어쩌나
거기부터 또 길이 있겠지
하나님 뜻 순종키로 합의하고 수술대에 누웠다

30분 지난 전광판엔 회복 중!
수술이 끝났다

일찍 끝나 고맙고, 오늘 퇴원해도 좋다니 더 감사
가슴 찢고 걷어 낸 작은 혹은 조직 검사해야만⋯

결과를 기다리는 동안 스쳐 간 수많은 생각
없을 때에야 비로소 있던 것의 소중함을 알고
제자리 서 있어 주기만 해도 행복인 것을

주님 사랑, 말 못 할 삭힘은 가슴의 혹이 되어
훗날 진주처럼 영롱한 면류관이 되려만
이제야 알아차린 그대 있음에 내가 있는 의미를

하나님의 은혜로 더 이상 큰 병이 아니라며
실밥 뽑고 나니 모든 것이 제자리라

결과 듣고 반가워한 장로님은
만일 사모님이 잘못되면 더 이상
주님 못 섬긴다며 떼쓰시고,
수술실 복도에 앉아 함께 아파해 준 고마운 분들
기도와 문안으로 성도들의 사랑은 더욱 깊어 가고

평범한 날들의 소중함을 잊고 사노라면
한 번씩 보내시는 예상치 않은 인생의 태풍으로
놓았던 정신 다시 추스르게 하시는
하나님의 짓궂음
그것은 오히려 기막힌 당신의 사랑!

들꽃

아내는 들판에서 질경이를 캡니다, 남편 녹즙 갈아 준다고.
나에게 과분한 여자라는 고마운 생각. 이날은 마침 결혼 26주년 기념일.
나는 가시덤불 헤치고 들꽃을 한 아름 꺾었습니다.
그리고 이 시를 바쳤습니다.

그대는 나를 위해 질경이를 캐고
나는 그대를 위해 들꽃을 꺾는다

소중한 사람 위해 소중한 것 주려 하니
발밑에 밟힌 들꽃도 이름이 있었구나

지천에 널린 강아지풀도 무심코 지났더니
나에게 꺾이고야 의미가 되었네

가시 많은 엉겅퀴 제 몸을 지키더니
오늘을 위하여 그리하였구나

가시덤불 너머 외로이 핀 콩 꽃
이곳을 넘어야만 진정한 사랑이라 말하네

남들은 몰라줘도 꽃 내음 자태를
알아주는 벌 나비야!

오늘은 또 다른 나를 위해 조력자가 되어 다오

그러나,
아무리 들꽃이 아름답다 하여도
꺾이운 것은 이내 곧 시드나니
하나님 없는 둘만의 사랑도 그러하리!

홀로 26년, 함께한 26년
미운 정, 고운 정도 이제는
하나님 향한 부르심의 소망으로 승화되어라
사랑은 마주 보는 것이 아니라 함께 보는 것이라네

울고 있는 이유는

74세로 돌아가신 아버님의 장례식을 치르며

고인의 영정 앞에 울고 있는 이유는
사무친 그리움이어서가 아닙니다
한 가문에 떨어진 복음의 작은 겨자씨를
새들이 깃들 큰 나무로 자라게 하신
언약을 지키신 신실하신 하나님 때문입니다

고인의 영정 앞에 울고 있는 이유는
못다 한 불효 때문이 아닙니다
육신이 사그라져 가는 고통 속에서도
한 줌 남은 마지막 호흡까지 몰아쳐
신음 대신 찬양으로 하늘의 소망을 대신 말한
내 육신의 아버지가 보여 준 마지막 모습이
그렇게 위로가 되는 그 고마움 때문입니다

고인의 영정 앞에 이렇듯 울고 있는 이유는
다시는 못 만날 서글픔이어서가 아닙니다
아비 잃은 자식들 위로하려고
먼 길 마다 않고 찾아와 밤샘하고는
눈발 서린 장지까지 따라나서는
사랑하는 내 님들의 그 진한 사랑이
몹시도 감격스럽기 때문입니다

그리도 고맙다

배려하고 순종하는 말 한마디는 영혼의 비타민이 됩니다.

'함께 가도 되지요?'
심방 떠날 때 그 말 들으면 백 리 길도 멀잖고
'운전해 드릴게요'
그런 날 심방은 하늘을 난다

새 가족 부탁할 때 '네, 그러지요'
바나바의 그 한마디는 향기가 나고
'7주 다 끝났어요'
사랑으로 섬긴 고백에 영혼이 살아 난다

'셀 예배에 많이 모였어요' 셀리더 보고는
마른땅 봄비처럼 그토록 반갑고
'기도 많이 하지요'
그 말을 듣노라면 있던 염려 사라진다

너나없이 바빠 어쩔 줄 모를 때
'예'라는 한마디 말이 그렇게 고맙고
모두들 사정이 있어 못 한다 할 때
'그러지요' 한마디 순종은 그리도 힘이 난다

연변의 보름달

갈 수 없는 북한 고향을 못내 그리워하셨던 장모님을 그리며

석 달 후면 다시 돌아갈 수 있겠지
고향에 부모님과 세 남동생 놔두고
장모님은 그렇게 남쪽으로 떠났다
남편 따라 젖 뗀 아들 들쳐 업고 떠난 새댁은
이제는 증조할머니가 되었다
남쪽에 내려와 이북 하늘 바라보며 살아온 54년
한 맺힌 그리움은 기도가 되었다

하늘이 도와 들려온 북쪽 남동생 소식
세 남동생 중 둘은 죽고
일흔여덟 살의 둘째 동생만 살아 있다고
남북 이산가족 만나려고
아무리 신청해도 소식 한 번 없더니만
중국 땅 변방 넘어 인편에 전해 왔다

꿈인가 생시인가. 장모님 마음은 도리질
살아생전 너 보련다. 대석이 내 동생아!
연변 초가집 은밀한 곳에서
북쪽 남동생네 딸과 남쪽 누님네 아들이 만났다

'고모님은 잘 있는가요, 외삼촌은 건강하신가'
남북은 달라도 혈육의 정은 하나
누가 무엇이라 이리도 긴 세월을 갈라놓았나

서른다섯 살 이북 남동생네 딸은 유치원 교사
세상에나, 전화라는 걸 중국 땅에서 처음 처봤단다
성경책을 보자 가슴을 떨었다. 감격 때문이 아니다
가까이해서는 안 될 성경을 보았으니 이 일을 어찌하나
수령에 장군 소리 변함없어도
혈육의 정은 하얀 밤을 넘누나

만남은 헤어지기 위해서라지
아니지 더 큰 만남을 위해서겠지
명년 1월 두만강 얼면 남동생은 반드시 넘어올 것이라 하네
몰래 국경 넘는 일이 생사를 넘는 일이어도
꼭 그리리라 그리리라
누나도 동생 보러 불편한 다리 끌고 기어서라도
가시겠지 암 가시겠지

추석 전날, 초가집 너머로 고개 내민
연변의 보름달이 처절토록 아름답다

복 중의 복

교회를 위한 장로님들의 속 깊은 마음을 보았습니다.

봄 노회에 참석하여
세 분의 장로님과 함께
차를 마시며 대화를 나누었습니다

담임 목사님이 새로 부임한 지
일 년이 조금 지난 어느 교회의
장로님이 말씀하셨습니다

'후임 목사님 모시는 일이 어찌나 어려운지
이빨이 다 내려앉을 만큼 힘들었다' 라고 했습니다

그 말을 받아
얼마 전 담임 목사님을 보내고
후임 목사님을 찾고 있던 교회의 장로님이
또 말씀하셨습니다

그 정도 표현으로는
그 중요성을 다 말하지 못한다며
'좋은 목사님 만나는 것이
정말 복 중의 복' 이라고 소리를 높였습니다

침묵을 지키던 또 한 분의 장로님도
'진짜 맞는 말'이라 하였습니다

좋은 목사 만나는 것이 복 중의 복이라
좋은 목사 만나는 것이 복 중의 복이라
이 말이 내내 떠나지 않았습니다

어느 목사님 이야기

안성 어느 교회의 슬프고도 애틋한 이야기입니다.

여름 성경학교를 마치고 목사님과 교인 서른 명이
경기도 여주의 한 물가로 야유회 겸 피서를 갔습니다

여덟 살 한주가 물놀이하다가
그만 급한 물살에 휩싸이게 되었지요
정신없이 뛰어든 그의 어머니마저
함께 물속에 잠겼습니다

300미터 밖에서 이 모습 보던 목사님은
한걸음에 달려와 물속에 뛰어들어
한주를 끌어안았습니다

'한주를 살려야 한다. 죽으면 안 된다. 이 무슨 큰일인가?
교회엔 또 얼마나 시험이 많을까? 그래서는 안 된다'

결국 목사님도 힘에 부쳐 의로운 죽음을 맞았고
세 구의 시신은 세 시간 뒤 인양되었다는데…
목사님의 가슴엔 여전히 한주가 안겨 있었습니다
죽는 그 순간까지도 한주를 놓을 수 없었나 봅니다

마음뿐만 아니라 양 떼를
실제로 가슴에 품는다는 것
숨이 막혀 죽는다 하여도
품을 수 있다는 것

그렇게 사는 것이
이 시대에 참 목자의 길인가 봅니다
이렇듯 가슴이 아린 걸 보니…

피 같은 대접

대접하는 아름다움도 있지만, 대접받는 두려움도 있습니다.

운전석에 앉으면 미세한 진동에
시원한 바람까지 나오는
최고급 방석을 선물 받았습니다
그 방석은 저보다도 차를 많이 운전하는
김 집사님에게 더 필요한 것인데
막상 본인은 그보다 조금 싼 것으로
돈 좀 더 모은 다음 사겠다고 합니다

또 다른 김 집사님은
집에다 에어컨을 놓으려 하다가
설교 시간에 땀 흘리는 목사님 안쓰러워
성전 앞자리에 먼저 에어컨을 놓았습니다
아직도 그 집엔 에어컨이 없습니다

맛난 새 음식 만들 때마다
목사님이 생각난다는 임 권사님은
열무김치에 된장, 상추까지
틈만 나면 바리바리 싸 보내십니다
그래야 소화가 되시니까요

다윗은 세 용사들이 생명을 걸고
적진에 들어가 떠 온 우물물을
차마 먹지 못하고 여호와 앞에 쏟았습니다
이는 물이 아니라
생명을 돌아보지 아니하고 갔던
부하들의 피였기 때문입니다

성도가 대접하는 것은 아름다운 일입니다
목사가 대접받는 것은 두려운 일입니다

넥타이를 매며

어느 성도님은 목사님께 넥타이 선물한다고
온 매장을 뒤졌답니다.

성도님들로부터 받은 넥타이 선물
갈색, 자주색, 회색, 남색
점박이, 파스텔 그림, 스트라이프

우리 목사님께
어떤 것이 어울릴까
고르고, 또 고르고 고른 넥타이

그래서
넥타이를 목에 맬 때마다
성도님의 사랑도 함께 매입니다

어느 땐 목사도 자기 연출이 있어야 하는지라
선물 준 성도님 기억하여
멋진 코디로 그분 앞에서 감사하고픈데
아둔한 머리로는
어느 성도님의 선물인 줄 모르니
이 무슨 딱한 노릇

성도님이야 인사받으려는 것 아니라
목사님 멋있으시라 선물한 것이런만

그래도 그 사랑 잊으면 어찌하리
넥타이 뒤에 이름을 써 놓으니
허허 세상에, 그렇게 편할 수가

하루도 빠짐없이
넥타이를 매야 하는 저는
하나님의 사명에 목매인 종이자,
성도들 사랑을 오늘도 풀지 못하고 사는
목매인 목사입니다

제일 먼저 목사님께

아름다운 섬김을 하는 아들 뒤에는
지혜로운 아버지가 있었습니다.

주일 예배 끝나고,
목사님께 드릴 말씀 있다고 찾아온 청년
'고향 떠나 서울에서 직장 생활 하다가
이제는 수원으로 가게 되었습니다'

멀어서 교회 못 나오겠다는 마지막 인사일까?
섭섭한 마음 지레 먹고 이야기를 듣자니,
좋은 직장으로 스카우트되었다며
'제일 먼저 목사님께 기쁜 소식 전합니다'

청년은 장로님이신 아버님으로부터
좋은 일이 있을 땐 언제나 제일 먼저
목사님께 말씀드려야 한다고 배웠답니다

그 말이 고마워 남단 고향에 전화하여
장로님께 인사드렸더니,
객지에 가 있는 당신 아들의 신앙 잘 부탁하신다며
신신당부

아들에게 일러 준 지혜로운 한마디가
목사의 마음을 꼭 묶어 놓는 사랑의 줄 타래

'이른 아침 교회에 봉사까지 하며,
어찌 수원에서 여기까지 올 수 있냐' 했더니
'아침에 직장 출근하듯 오면 됩니다'

섬기는 교회가 좋아
어디서든 찾아오는 그 우직함은
목사의 기도를 꼭 묶어 놓는 사랑의 줄 타래

구약 주석 선물

책 선물을 받을 때마다 '더 좋은 설교를 하시라' 는
무언의 압력(?)으로 여겨집니다.^^

교육 전도사로 섬기던 시절
전도사님께 선물할 것 있다며
어느 집사님이 신약 주석 한 질을 보내왔습니다
훌륭한 설교자 되시라면서

군대 제대하고 첫 목회지에서 만난 그 은혜는
18년이 지난 지금에도
서재 한쪽에 꽂힌 그 책들을 볼 때마다
여전히 새롭습니다

그것은 목회 초년 젊은 전도사에게
교인들이 좋은 설교를
얼마나 사모하고 있는지를
말없이 말해 주는
사랑이자 충고가 되었습니다

엊그제 집으로 또 한 질의
구약 주석이 배달되었습니다
배달하시는 분은

'어느 성도님이 보내는 것' 이라는
말만 남긴 채 갔습니다

할수록
점점 더 어려워지는 설교
그러잖아도 구약 주석이 부족해
성막 설교 준비할 때마다 끙끙댔는데

목사 위해서가 아니라
빈약한 꼴을 먹는 당신 양 떼 안쓰러워
하나님은 오늘도
숨어 있는 천사를 통해
광야 같은 세상에
풍성한 식탁을 준비하십니다

영혼 사랑, 영혼 구원

새벽 세례식

오직 영혼 구원을 위해
박 장로님이 펼치신 남다른 누님 사랑 이야기.

새벽 세 시 전화벨이 울린다
박 장로님의 다급한 목소리
'목사님, 누님이 이상해요'

며칠 전 누님을 모셔 왔다
질곡 많은 인생길 78년
공산당에게 남편 잃고
젖먹이 두 딸 키우며 청상으로 50년

그분처럼 가여운 삶 없어라
예수 안 믿고 지옥마저 가신다면
안 태어남만 못하리라
남동생의 남다른 누님 사랑

예수 전하고 싶건만 멀리 있어 어쩌나
가족과 상의하여 곁에 모시기로 했다
난생 알도 듣도 못하던 예수 얘기만 했다
그 이름 석 자 기억해 달라고

누님 이름으로 하나님께 헌금하고는
귀가 짓무르라 하나님, 예수님, 교회, 그리고 아멘
지극 정성으로 예수 알리기 열하루

그런 누님이 이 새벽에 제정신이 아니다
달려가 보니 온통 영적 싸움
악의 세력 그 영혼 안 놓으려고 마지막 발악
찬송, 말씀, 기도, 안수로 이어지는 처절한 씨름
찬물 한 잔 들이키고 이어지는 안도의 큰 숨
그리고 되찾은 평안

'예수님이 어르신 위해
십자가에 죽으신 것 믿으세요?'
'아멘!' 아이 같은 미소

오랫동안 하나님 믿은 사람처럼
어쩌면 그리도 묻는 말마다 아멘, 아멘
하나님 딸임을 인치는 거룩한 새벽 세례식

잊을 수 없어라
한 영혼을 향한 그 절절한 기도!

복 받은 어른 아이

속리산 자락 유교 마을에서 평생을 보내신 아버지.
교회 근처도 안 가 본 그 아버지의 영혼 구원을 위해
딸인 박 권사님은 오매불망 갈망했습니다.
그리고 어린이날 서울의 한 병실에서 그 어르신을 만났습니다.

'나는 주님을 믿고 싶습니다
내 안에 오셔서 내 죄를 용서하시고
나를 다스려 주옵소서'

79세의 나이로 병상에 누워
마지막 말을 몰아쉬듯 힘겹게
그러나 확신 있게 고백한 영접 기도

그 모습이 너무 감격스러워 따님이 울었습니다
함께 기도하던 목사도, 교인들도 울었습니다

고집 센 양반이 한 번 싫다면 싫은 것인데
찾아온 목사님과 성도들 문전 박대 하면 어이하랴
염려는 사람의 것일 뿐
하나님은 기도 먹은 그 이름 석 자 잊을 수 없어
마지막 때에 기어코 건져 내시는 못 말릴 고집

한 영혼을 버리지 않으시고
끝까지 품으시는 하나님의 끈질긴 사랑
우리 아버지 지옥 가면 안 된다고
오랜 세월 마음 조려 간구하던 자식 기도

말 한마디 제대로 못하는 지친 육신이
온 힘 다해 주님 찾는 가난한 심령
한 영혼의 돌아옴은 그렇게 무르익었습니다

삼 일 후 어린이날, 병상 세례 받으며 울고 또 울고
어린아이 같지 아니하면 천국에 갈 수 없다더니
할렐루야 아멘을 속절없이 따라하는
복 받은 어른 아이

그날, 생전 보기만 했던 킹크랩도 대접받았습니다

아, 어머니

정 권사님은 시집가서 살아도
어머니 구원은 아직도 끊어지지 않는 탯줄입니다.

친정어머니, 그리운 이름
당신께 받은 생명의 은혜
갚을 길은 오직 하나
어머니, 꼭 예수 믿으세요

마음에 안 닿아 못 믿겠다
교회도 멀고 아는 것도 없다
나이도 많은 데다 귀찮기도 하다
시집가 사는 너나 잘 믿거라야

천 리 길 먼 곳에 홀로 사시는 어머니
칠순 지나 팔순 고개 내려가는데
어찌해야 하나님이 우리 엄니 기억하실까

때마침 보내온 어머니의 쌈짓돈
다른 자식들보다 네 몸이 약하재
내 다른 애들 몰래 모아 너한테만 보낸다
입 딱 다물고 보약 사 들거라

뭉칫돈 받아 드니 목메인 어머니 사랑
하나님, 제 건강은 하나님이 주시고
보약 살 이 돈은 하나님께 드립니다

어머니 이름으로 건축헌금 드리오니
하나님의 눈과 마음이 머문 이 성전에
어머니의 이름도 머무르게 하옵소서
우리 어머니 잊으시면 안 됩니다

향기로운 제물 되어 하늘로 오른다

부모님 영혼 구원

진 집사, 선 집사, 김 집사 세 분의 부모님 영혼 구원기입니다.

부모님 구원은
예수 믿는 자식들의 가장 큰 거룩한 근심
우리 부모님 예수 믿게 해 주세요
간곡한 기도는 절규로 이어지고

여름휴가는 아예 친정으로 내려가야지
이번엔 그냥 돌아오지 않으리
아버님 어머님 붙잡고 사영리 소개하고
이번 주일 꼭 교회 모시고는 올라오리라
딸내미와 사위 극성에 함께 가는 예배당 길
진 집사네 휴가는 그렇게 영글어 가고

시아버님 암 수술 받으러 올라온 서울 길
이번 기회 놓치랴 때도 없이 기도하던 며느리
먼저 하나님께 굵직한 감사헌금 드리고는
이번 수술에 암세포를 모조리 제거해 주시되
시아버님 영혼은 예수 믿는 자로 변화시켜 주소서
수술 잘 마친 후 목사님이 찾아가 권고하니
이게 웬일, 할렐루야 아멘을 따라 하시네

선 집사네 기도는 그렇게 익어 가고

10년도 넘게 교회 다닌 친정아버님
집사 직분 받아 오래 섬겼으나 구원의 확신 없어
하나님,
친정아버지 우리 아버지 구원의 확신을 주옵소서
새벽마다 새벽마다 간절함은 하늘을 울리고
하나님 역사런가 천 리 길 올라와 서울 병원 입원하니
기회는 이때라 함께 찾아간 병원 심방 길
하나님이 사랑하는 백성 그대로 놔두시랴
목사님 따라 다시 고백한 순전한 영접 기도
김 집사네 정성은 그렇게 열매 맺고

우리 부모님 예수 믿게 해 주세요
사무친 기도는 기쁨으로 이어지네

주님, 정말 감사해요

난생 처음 찾아온 교회 걸음,
그날 바로 하나님 사랑의 덫에 걸렸습니다.

서울 딸네 집 다니러 오신 85세 어머니

'엄니, 꼭 한 번 교회에 가 봅시다'
큰딸 작은딸 간청에 못 이겨
난생 처음 옮긴 교회 첫 발걸음

'목사님, 우리 어머니 예배 끝나고 꼭 기도해 주세요'

무슨 간절한 기도 제목이 있냐고 하니

' 오늘 교회 나온 김에 영접 기도 드려야 합니다'

앞쪽 줄 한켠에 두 따님 호위받듯
다소곳이 앉아 예배드린 한 시간

목양실 모시고 와 영접 기도 드리기 전
오늘 예배 어떠셨냐 했더니
'예배 시간 내내 졸았습니다'
이 어인 실망, 하나님 위로하소서

'그런데요 목사님, 참 이상하네요
교회에 들어서자마자
마치 내 집처럼 평안했어요
어젯밤, 잠이 안 와 불면에 시달렸는데
예배 시간 내내 너무너무 잘 잤어요'

'할머니,
여호와께서는 그 사랑하시는 자에게는 잠을 주신대요' (시 127:2)

한마디씩 따라 하는 영접 기도
'주님, 저는 죄인입니다'
천국은 어린아이의 것이라더니

머리에 손 얹고 안수하여 기도하니
몸에 닿는 손끝이 사람의 손 같지 아니하더라
그것 참 이상하네, 이런 느낌 처음이라네

아이처럼 주님 영접하는 어머니 보고는
어머니 그토록 사랑하시는 주님 보고는
끝내 울고 마는 따님의 감사

저녁 예배 감사헌금엔 '주님, 정말 감사합니다'

영혼 구원 그 간절함

두 분의 신실한 부부집사는
가장 큰 효도가 부모님의 영혼구원이라며
그 일을 위해 어떤 댓가를 치뤄도 아까워하지 않았습니다.

잘나가던 아파트도 팔았습니다
수년을 다니던 교회도 옮겨야 했습니다
생업의 자리도 바꾸었습니다
그렇게 우리 교회 집사님 부부는
부모님 가까운 곳으로 모든 터전을 옮겼습니다
이유는 하나
오직 부모님의 영혼 구원이었습니다

예수님을 알고 나니
영혼의 가치가 가장 소중했습니다
생명을 나눠 주신 부모님께
가장 먼저 그 좋은 것을 드리고 싶었습니다
그 일이 가장 큰 효도라 믿었습니다

아들과 며느리는 조심스럽게 말씀드렸습니다
함께 교회 나가시자고
부모님은 큰 산처럼 움직이지 않았습니다

신실한 부부는 더 간절히 기도드렸습니다
감사헌금도 작정했습니다
구역 식구들의 중보기도도 합세했습니다

그러기를 3년
드디어 부모님이 교회로 첫걸음을 옮기셨습니다
일천만 원의 감사헌금이 올라왔습니다
이듬해 부모님 두 분이 세례를 받았습니다
또다시 일천만 원의 감사헌금이 올라왔습니다

부부는 그렇게 작정했답니다
우리 부모님이 예수님을 믿으시면
우리가 할 수 있는 최대의 감사로
부모님 한 분당 천만 원씩 드리겠노라고

그만큼 간절했던 부모님 구원이었습니다
그만큼 간절했던 영혼 구원이었습니다
그 부모님들은 지금도 교회를 잘 다니고 계십니다

오매불망 영혼 구원

예수님은 귀신 들려 무덤에 사는 버려진 한 영혼을 위해
돼지 이천 마리의 값을 치렀습니다. 일백 마리 양 중에 한 마리를
잃어버리면 온 산과 들을 헤매며 찾아다니십니다.

우리 교회 박 집사님은
남편의 구원을 위해 새벽마다 기도합니다
그럴수록 남편은 더 완고해집니다

어느 날 새벽엔 남편의 구두를 신고 왔지요
'하나님, 지금은 남편의 신발만 왔지만
나중에는 발목도 오게 해 주십시오'

어느 날은 남편의 잠바를 입고 왔네요
'하나님, 지금은 껍데기만 오지만
나중엔 알맹이도 올 줄 믿습니다'

그 후 남편은 봉사하는 집사가 되었습니다

온 천하보다 귀한 것이 영혼이기에
오늘도 그 가치를 아는 자들은
오매불망 영혼의 구원을 위해
별의별 일을 다 하고 있습니다

다리품 기도

다른 교회에서 신앙생활 하던 어느 여집사님이 3년이나 교회를
쉬었습니다. 그분의 영혼을 너무도 사랑하신 오 권사님이
안타까움에 기도하고 또 기도하시다가 마음뿐 아니라
몸까지 기도하고 싶어 매일 그 집 대문 앞에 가서 기도하셨습니다.

누가 볼세라 아무도 모르게
대문에 손 얹고
하나님, 이곳에 교패 붙이고 갑니다

두 달을 하루같이
한 날도 거르지 않고 찾아가
다리품 팔아 사랑하고 또 사랑

믿음은
바라는 것들의 실상이어라
손 얹고 기도하던 그 사랑 흠향되어
믿음으로 붙인 교패 실재되어 나타나니

이것이
믿음의 역사이어라
사랑의 수고이어라
소망의 인내이어라

인생의 겨울

목사는 가끔씩 성도의 임종을 지켜봅니다. 영혼을 보듬어야 할
최후의 시간이니까요. 가쁜 숨을 몰아쉬는 그 순간이야말로
가장 장엄한 인생의 메시지를 온몸으로 듣는 경이로운 때입니다.
권순임 할머니의 임종 때도 그랬습니다. 안 믿는 집안에서 태어나
하나님의 은혜로 교회에 나가 집사까지 되었습니다. 어느 날,
생시 같은 꿈을 꾸었는데 아주 무서웠습니다. '계속 교회에 나가면
아들이 살아남지 못할 것이라' 하여, 약한 믿음은 하나님을 버리고
아들을 살렸습니다. 그렇게 40년 지난, 팔순을 바라보는 때,
원치 않는 암 덩이가 육신을 밀어낼 즈음 이제는 꿈속에 목사님이 나타나
그의 영혼을 안아 주었습니다. 목사님 모셔 예배드리고는 더할 수 없는
평안으로 하나님 품에 안겼습니다.

너나없이 가야 할 마지막 길에
잊지 않고 챙겨야 할 보따리 하나

79년 보듬어 온 육신의 허울 벗고
떠나라 등 떼미는 육신의 암 덩이
내 영혼 갈 곳을 미루어 알건마는

나는 하나님을 아들과 바꿨습니다
아들 얻으려고 집사도 버렸습니다
하늘의 귀를 막고 살아온 40여 년
십자가 길 버거워 모른 척했습니다

그렇게 떠났어도 안 잊으신 내 하나님
마지막 길 재촉하는 가쁜 숨 그 현장에
꿈속에 보낸 목사님 현실 되어 만나고
가슴에 묻은 찬송 눈물 되어 화답하니
어깨 누른 영혼은 날개 되어 훨훨 훨

영혼 앗으려는 마귀의 최후가 이어져도
머리에 물 뿌려 한 번만 더 죄 사함을…
고통 중에 손을 들어 아멘 아멘 할렐루야
아끼다 못해 차마 말 못한 하늘 방언 토하니
빨리 보고 싶다, 하루 만에 데려가신 하나님

너나없이 가야 할 마지막 길목에
한 번 택한 영혼 죽어도 아니 잊고
영혼의 보따리 들고 서성이는 내 아버지
인생의 겨울은 저리도 성큼 다가오는데…

여보게, 친구

박 장로님 고향에 면장을 지냈던 차은종이라는 친구 분이 계십니다.
오랜 날 그분이 예수 믿기를 기도해 오던 중, 박 장로님이 내려가서
복음을 전했습니다.

여보게 친구, 은종이
어릴 적 만나 친구지기 50년
이제 우리 나이 육십이 되고 보니
유수 같은 세월의 뒷자락일세

돌아보니 자네는 마음의 고향
풍채만큼 넉넉한 그대를 생각하면
열흘 근심도 하루 만에 사라지니
세상에 자네처럼 좋은 친구 어디 있나

오늘 내가 이렇듯 800리 길 달려와
그대를 만남은 그리움이 아닐세
내 예수 믿고 장로가 되고 보니
이 좋은 예수 나 혼자만 믿을 수 없어
오늘은 자네와 결판하러 내려왔네

이런 일은 미루면 안 되는 법
오늘 이렇게 고향 교회 목사님 앞에서

나 교회 나가겠다 등록 카드 기록하게
자네 이름만 말고 가족까지 함께 씀세

그리고 고향 교회 장로 되어 좋은 일 좀 많이 하게
하나님이 이때 위해 면장으로 세운 걸세
자네가 장로 되면 내 소 한 마리 잡으려네
내년 가기 전 세례 받고 목사님을 잘 섬기게

내 죽어도 자네 잊지 못하는 것은
그대는 또 다른 나이기 때문이지
만나도 또 보고픈 마음 좋은 친구야

시골 교회 부흥회

전남 장성, 서원(書院)이 있는 유교 마을에 고산교회가 있습니다.
그 교회에서 20여 년 만에 부흥회를 열고 저를 초청했습니다.

본시 마음 좋은 사람들이 살지만
유독 교회 가기만은 싫다 하네
하나님이 나빠서도 아니요
예수님이 미워서도 아니라
교회 나가면 조상 봉사(奉祀) 못 한다는 이유에서라

동네 어르신 여러분,
성경처럼 효도 많이 말하는 곳도 없소
공자보다 앞선 모세라는 분께 우리 하나님이
얼마나 많이 효도에 대해 말했는지 아시는지라우
살아실 제 효 다 하고, 죽어 절 안 하는 것뿐이라우
염려 마소, 어르신들
예수 믿어도 효도는 겁나게 허요

첫날 밤 부흥회 강사 말씀이 맘에 들었는기라우
아니지, 시골 교회 목사님 밤샘 기도 안 했는가라우
입 소문이 이어져 작은 예배당에 별 사람이 다 오네

집에 신주 모신 기국댁,
보살만치 절에 다닌 탑동댁,
허리 굽은 할머니 일곡댁,
열한 번 집회 모두 참석한 신흥댁,
모두 모두 교회는 난생 처음이라
내가 이러면 안 되는디…
두 시간 설교에도 미동치를 않는다냐
도시 교인 부끄러라

부흥회 마치고 돌아오는 날
받은 은혜 고맙다고,
잘생긴 장 닭 한 마리 가져가시라
키우던 사슴 생녹용에, 짜 놓은 참기름에,
가을에 딴 호박에, 거둔 쌀가마,
캐 놓은 칡뿌리, 남겨 놓은 보신탕 고기까지
애이고매, 오짠다냐
요로꼬롬 정이 많아 내 어찌 떠난다냐

고향 교회 그리워라
아직도 사는 내음 푸짐한 시골 교회 부흥회

저러다 혹시나

성도는 목사님에게서 설교를 듣지만
목사는 성도님에게서 설교를 듣는다.

춘계 대심방을 맞아 여성도님 집에 갔다
당뇨 후유증으로 집에 누운 지 3년
목사님 오셨다고 일으켜 달라더니
가누기 힘든 몸 기대어 앉는다

3년 병치레에 한쪽 눈은 실명하고
성하던 치아도 제자리를 잃었다
잡아 본 손등엔 부기가 태산 같고
걷지 못한 다리는 한없이 말라 간다

일찍이 홀로 되어 딸 아들 키우고는
이제는 살 만할 때 몹쓸 병 만나
하나님 살길이라 교회 찾아왔건만
하나님 못 믿겠다 병원 찾아 삼만 리

저러다 하나님 모른다 하면 어쩌나
가슴 조이며 방문을 열면 배시시 일어나
심방대원 반기는 그 정성은 언제나 어린아이

'하나님 안 잊으셨죠?' '예'
'예수님이 나 위해 십자가에 죽으신 것 믿으시죠?' '예'

묻고 또 물어도 한결같은 대답
너무 힘들어 '나 몰라요' 할 법도 한데
신세한탄하며 '못 살겠다'고 할 만도 한데

오늘도 대심방을 하며 또 한 편의 설교를 듣는다

아멘, 아멘!

유교 집안 신 장로님 가정에 일어난
기가막힌 영적, 역전 드라마입니다.

일생을 유교의 전통에서 살아오신 어르신이 계셨습니다.
3남 2녀도 잘 키워 놓으셨고 동네에서 존경도 받았습니다.
그러나 유독 교회하고는 담을 쌓고 사셨습니다.
교회의 '교' 자도 그분 앞에서 꺼낼 수 없었습니다.
그러나 하나님의 뜻을 누가 막겠습니까!

기둥 같은 큰아들이 예수님을 만났습니다.
큰며느리도 기도의 여인이었습니다.
이내 이어지는 핍박.
'너는 이제 내 자식이 아니다.
조상도 모르는 것들이니 호적도 파 버리겠다' 고 노하셨습니다.

자신의 장례식도 혹시 기독교식으로 치를까 하여
유교식으로 하라고 미리부터 일러 놓았습니다.
큰아들 부부는 열심히 주님 섬기며 기도할 따름이었습니다.

그러던 겨울 어느 날 저에게 다급한 전화가 왔습니다.
안양 병원에 입원 중인 아버님이 위독하다는
큰아드님 전갈입니다.

급히 도착하여 보니 노환인지라 더 이상 소망이 없으니
병원 영안실에 모시든지 집으로 모시라 하였습니다.

집으로 향하는 구급차 안에서도 이미 의식은 없었습니다.
평소 사셨던 안방에 모셨습니다.
교인들 몇 분이 둘러앉았고,
친척과 동네 분들은 그 주변에 서 있었습니다.

숨은 쉬고 있으나, 의식은 사라져 버린
이 어르신의 모습은 몹시도 불안했습니다.
거친 숨을 몰아쉬기도 하고, 온몸을 웅크린 채 두려워했고,
얼굴은 흑빛으로 변했습니다.
누구도 이 자리에서 그 어르신을 위해
해 줄 수 있는 일이 없었습니다.

그러나 오직 하나,
그 영혼을 긍휼히 여기시는 하나님의 은혜를 기다리는 일만이
유일한 일이라는 것을 우리는 알고 있기에
함께 찬송을 불렀습니다.
말씀을 외쳤습니다. 그리고 기도했습니다.
힘들면 쉬었다가 다시 하고 또다시 하고 또다시 했습니다.
주변에 계신 분들의 얼굴이 일그러지기 시작했습니다.
기독교식을 원하지도 않는데,

왜 예배드리느냐는 못마땅한 눈치였습니다.
그러나
찬송 부를 때마다
누워 계신 분의 혈색이 돌아오는 모습은
그들 앞에 증거가 되었습니다.

그러기를 몇 시간.
이 싸움이 밤을 새워야 될지도 모른다 싶었을 때
갑자기 울려 나오는 천둥 같은 큰 소리.
"아멘, 아멘!"
그것은 죽음의 사신에 쫓기고 있던
그 어르신의 입에서 나온 말이었습니다.

일평생 단 한 번도 안 해 보았던 '아멘'이라는 말을
이 땅에서의 마지막 언어로 우렁차게 외쳤습니다.
그리고는 웅크렸던 팔다리를 쭉 뻗고는
아이의 혈색이 되어 새근거리며 잠들었습니다.
이튿날 영원히 잠드셨습니다.

그 현장을 지켜보던 모든 분들이 놀랐습니다.
'아멘'이라 외친 그 말 한마디로 인해
장례식은 당연히 기독교식으로 치렀습니다.

하관식 하는 날 동네 분들과 친지들에게 힘차게 외쳤습니다.
'동네 어르신 여러분, 한 번 죽는 것은 사람에게 정해진 것이
요 그 후에는 심판이 있습니다(히 9:27).
부디 예수 믿고 천국 가셔야 합니다.'

의식은 떠났어도 영혼은 떠나지 않는 법입니다.
영혼 구원을 안타까이 여겨
끝까지 하나님의 은혜를 기다리는 자에게
하나님은 구원의 은총을 베풀어 주셨습니다.

그리고 그 오랜 세월 아버님의 영혼을 위해
그토록 오랜 세월 기도하셨던
장로님 권사님이신 큰 아드님 부부의 간절한 기도는
하늘의 결실되어
그 가문에 열매를 보게 하셨습니다.
신실하신 하나님!

그리운 가슴앓이

팔순을 넘기신 최순임 집사님이
지난주 고향으로 내려가셨습니다
27년 서울 살이 마치시고
큰따님이 살고 있는 삼례로 떠나셨습니다
우리 교회 나오신 지 햇수로 3년
헐떡이는 숨을 고르시며 매주일 고운 한복을 입으시고
말없이 예배드리고 가셨던 집사님
얼굴 주름만큼이나 걸어온 인생길에 질곡이 서렸어도
지금까지 사신 것이 하나님의 은혜라더니
언덕 너머 목사 집에 뚝배기 들고
오밀조밀 손수 만든 반찬 싸 들고 와서는
집에도 아니 들어오시고 목사님 바쁘시다며
부끄러운 듯 현관문 밖에 놓고 가시던 집사님
이제는 그렇게 만나 뵐 기회가 없어서 아쉽습니다
떠나가시는 날 아침 아내와 함께 찾아가
잘 가시라고 그리고 아무쪼록 건강하시라고
손잡고 기도하였더니
끝내 울음을 터트리고는
정들었던 구역 식구와 나눔의교회와
헤어져 막상 떠나려 하니
허전해 어찌 살까 싶어 정녕 서운하다고
몇 달 전부터 교회에서 찍은

가족사진 꼭 좀 찾아 달라더니만
고이고이 사진첩에 끼워 놓고
생각날 때 보신다 하시니
그럴 줄 알았으면
함께 사진 좀 찍어 놓을 걸 하는 때늦은 후회
가시는 길 여비하시라 몰래 쥐어 드렸더니
내 어찌 목사님을 대접치 못할망정
받을 수 있느냐고
한사코 뿌리쳐 다시 거둔 부끄러운 손길
맘만 먹으면
단숨에라도 달려가 뵐 수 있는 거리건만
다시 못 만날 분처럼 왜 이리 허전한고
오늘도 떠나보내는 일에 익숙지 못한
그리운 가슴앓이

시로 담은 목회

꽃꽂이

강단 꽃꽂이는 매주일 어김없이 제자리에 있습니다. 금요일 새벽마다
꽃 시장에서 한 다발 꽃을 품고 돌아오시는 우리 권사님은
꽃만큼이나 예쁘고 조용하게 이 일을 감당하십니다.
강단 한쪽 귀퉁이를 지키는 꽃들의 이야기를 들어 보세요.

한창 피어오를 때 꺾였습니다
가장 아름다운 것을 드리려고요

본향 떠나왔으나 낯설지 않습니다
아버지 성전이 내 집이니까요

뿌리 끊어 놓았으니 분명 죽은 몸이건만
나를 보는 누구나 아름답다 하네요

내 몸 다 살라 드려 다른 이에게 기쁨 주니
괴롭고 힘들다고 불평하진 않을래요

생일에 결혼에 입학에 회갑에
감사 담아 올려놓은 사연이 되어
죽어서도 사는 법을 말하렵니다

성전의자

늘 묵묵히 그 자리를 지키며 어떤 교인이든 다 받아내는
성전의자들의 대견한 이야기.

내 영혼의 본향이 머물고
광야길 외로움을 삭여 주는 곳

내 아버지 집 그리워 찾아간 곳에
일주일 내 기다리고 서 있는 그리움

나는 섬기러 왔다고 등짐 져 준 주님처럼
하늘 보고 누워서 주님 자녀 받들고
하늘 만나 흠뻑 담아 머금게 하면
수고하고 무거운 짐 하나 둘씩 벗는다

떠나는 빈자리가 허전하련만
잘 가라는 친정어미 손짓 되어 배웅하니
어느덧 세상 향한 발걸음 담대해지고
훗날 내 떠난 그 자리에 손주며느리 앉아
영원으로 이어 갈 믿음의 산실

고난 주간

이때 만큼은 세상의 아우성에서 벗어나
하나님의 세미한 음성을 들어야 하는 때.

하나님은
산을 가르는 바람 가운데 아니 계셨다
바람 후의 지진 가운데도 아니 계셨다
지진 후의 불 가운데도 아니 계셨다

내게 응답하옵소서 갈멜산에 내린 불
여호와 그는 하나님이시로다 백성들의 환호
그렇게 바람으로 지진으로 불로 오소서
그러나 세미한 소리로 오셨다

저주받은 십자가에 달리신 주님
모욕과 희롱 참을 수 없는 수치
네가 하나님의 아들이어든
자기를 구원하고 십자가에서 내려오라

풍랑도 멎게 하고, 병든 자도 고치시듯
오병이어로 배불리고, 죽은 자도 살리시듯
그렇게 바람으로 지진으로 불로 오소서
그러나 외마디 죽음으로 가셨다

핏빛 붉은 고난 주간
저마다 제소리를 외치는 아우성 속에
고요히 자신을 죽이고 또 죽이어
하나님의 세미한 소리를 듣는 때이라

춘계 대심방

춘계 대심방을 사모하고 기다리며 준비하는 성도님들의 가정을
보노라면, 고질병 같은 축복의 바람기가 다시 도져납니다.

먼 산에 잔설(殘雪) 있어도
봄바람은 못 막지

꽃샘추위 옷깃을 잡아도
마음은 못 빼앗지

일 년에 한차례 봄 되면
다시 도지는 바람기

한 해의 언약으로
정녕 축복하고 싶어라

너와 나 우리 되어
그렇게 사랑하고 싶어라

심방*의 하나님

두 손 높이 들고 마음껏 축복하고 싶습니다.

봄 내음 가득한 예쁜 예배상 위에
꽃무늬 아로새긴 한 해의 언약 말씀
축복을 선언하면 말씀대로 이루시고

우리 집 기도 제목 여기 있어요
깨알같이 적어 올린 한 해의 소원은
합심하는 기도 속에 알알이 영근다

하나님 주신 은혜 너무나 고마워
감사의 제목 담아 정성스레 올린 연보
네 손이 수고한 대로 복되고 형통하리

심방대원 맞이하고 목사님 오시면
사람만이 아니라 성령님이 오시는 길
집안 단장 구습 벗고 새 마음을 입는다

또다시 맞이하는 춘계 대심방
일 년 지난 우리 가정 얼마나 자랐을까
봄만 되면 되물으시는 심방의 하나님

*심방(尋訪) -방문하여 찾아봄.

봄나들이

베드로 남선교회와 에스더 여전도회 회원26명이
봄나들이 다녀왔습니다.

산자락 돌아서면 또 다른 꽃무리
노란 개나린가 하면 분홍 진달래
길섶 동네엔 화사한 벚꽃 길
물오른 나무마다 연초록 너울

아기자기 어우러져 수줍은 듯 반기는
아 그대는 아름다운 조국의 봄

일상을 벗어나 함께 떠난 나들이 길
그래도 할 일 많은 오륙십 대라며
주님 앞에 설 때까지 아직은 젊은이니
뜻 모아 의기투합 몸 된 제단 섬기자네

팔백 리 길 달려간 고된 몸이지만
늦은 저녁 함께 모여 통성으로 기도하고
옥수동 미스터 정, 우면동 미스 김
인생무정 가락에 간드러진 춤 솜씨
장로님 허허 웃고 권사님들 즐거워라

저리도 순박하게 사랑하며 사노라니
내 평생 섬기고픈 아름다운 영혼들

오는 길 산야는 온통 뿌려 놓은 연초록 물감

두마음 세마음

남산타운 아파트 입주가 시작되었다.
전도하기 좋은 절호의 기회 아닌가!
그러나 교인들 마음은 두마음 세마음이었다.

너무 덥다
목사님은 아파트 전도하라시지만
오늘 같은 날은 더위 먹기 딱 좋잖아
하루 전도 안 한다고 큰일 있을감
쉬고픈 마음

전도하러 가긴 가야 하는데
가자니 부담이요, 안 가자니 꺼림칙
으휴, 이 싸움을 언제까지 해야 하나
이런 부담 없이도 예수 믿을 수 있잖아
도망가고픈 마음

아파트 초인종 누르면서 두근두근
험상궂은 사람 인상 쓰고 나와
뭐하는 짓이냐고 호통 치면 어쩌나
내가 뭐가 아쉬워 이런 취급 받는가
안 가고픈 마음

초인종 눌렀는데도 아무런 반응이 없을 때
휴, 다행이라고 안도의 한숨을 내쉬는
나도 모를 내 마음

두마음 세마음 얽히고설켰지만
끝내는 전도하고 돌아오는 발걸음

'내가 너를 기뻐하노라' 안으시는 주님

전 교인 필사 성경

창립 10주년 때 전 교인이 성경전서를 나누어 필사했습니다.
다 모아서 한 권의 성경으로 만들어 지금도 강대상 앞에 놓아두었습니다.

모난 글씨 둥근 글씨
뜬 글씨 난 글씨
필체는 달라도 성경은 한 권

젊은이와 어르신
장로님과 성도님
연륜은 달라도 마음은 하나

하나님의 말씀에 제외되면 어쩌나
빠질세라 받아 적은 말씀의 조각

꼭 나에게 주신 말씀이라
읽다가 응답받고 쓰다가 감격하고
한데 모아 맞춰 보니
개척 교회 10년의 눈물이 젖고
다가올 10년의 소망이 뜨네

66권 성경으로 묶어진 우리의 만남은
낱장으로 흩을 수 없는 신앙 공동체
나도 그곳에 있었다는 증인이 되리

지금은 10, 20, 30주년 때마다 쓴
세 권의 성경이 강대상 앞에 놓여있습니다

김장 담그기

지난주 화, 수요일 교회 김장을 담갔습니다. 며칠 전부터 추웠던 날씨가 많이 푸근해졌습니다. 여기저기서 김장꾼들이 모였습니다. 대문 앞에 놓인 아름드리 실한 배추 200포기, 나눔의교회 김장하라고 이토록 튼실하게 자라 주었습니다. 뒤편 수돗가까지 머리에 이고 지고 날라 놓고 보니 수북이 쌓인 그 모습 보고만 있어도 겨울나기 걱정 없었습니다.

큰 칼로 배추 갈라
소금물에 푹푹 헹궈 내니
아하 이것이 진짜 세례라
오만한 자세 겸손해지더라

하룻밤 푹 담가 두니
이리도 순해질까
하나님 사람도 그렇게 다듬으리

팔뚝만 한 무채 썰고
가을 햇빛 듬뿍 먹은 태양초 버무려
맛난 젓갈 첨가하니
서로 다른 것들이 이렇게 모여
조화 이루어 가는 맛있는 세상

교회에서 식사할 때마다
교회 밥이 맛있다 하더니
그 맛이 곧 김장 맛이라
아니
이렇게 섬기는 사랑 맛이라

임직식

하나님이 구별하신 고귀한 직분 장로, 권사, 안수집사를 세우는 예식에 붙여…

충성되이 여겨 맡기신 직분
돌아보니 온통 허물인 것을

때로는 억지로 진 십자가에
숨겨 놓은 축복의 비밀 있어
세우신 자리에서 대답해야 할
오직 한마디는 아멘 아멘뿐

하고파 할 수 있는 일도 아니라
하기 싫어 안 할 수도 없는 일이라
하늘 뜻 따라 살겠노라 하오니
벗을 수 없는 축복 굴레 덮이고

기름 부어 안수하는 임직 자리에
하늘 언약 무지개는 떠 있어라
구별하여 선 그대의 삶은 나실인
내가 너를 기뻐하노라는 하늘의 음성

그대 지난 손길에 생명의 꽃 피우고
그대 지난 걸음에 믿음 열매 맺혀라
아, 성령의 역사 가득한 은혜의 자리
사랑하며 섬기고픈 존귀한 그대들이여!

교사 헌신예배

교회학교 교사 헌신예배 스케치

아무개를 맡은 누구입니다
제사장 가슴팍에 열두 지파 이름
보석으로 새기어 흉패에 묶듯
한 해 동안 맡은 영혼 가슴에 담고
영혼의 조각가로 새로운 다짐

선생님 수고에 감사합니다
정녕 그러하여 큰절을 올립니다
선생님께 대표로 인사하던 학부형이
성전 바닥에 엎드려 존경을 말하니
서서 부탁 말씀 전해 듣던
모든 선생님들 마음엔 싸한 감동의 눈물

나눔의교회 문턱을 드나드는
모든 어린 심령들은 행복해야지
암암 그래야지 그래야지

여러분은 하나님의 비밀을 맡은 자!
사명을 달구는 목사님 말씀에
예배당 하나 가득 심령이 사는 소리
아멘 할렐루야
맡은 자에게 구할 것은 충성입니다

잠 없으신 하나님

40일 기도는 긴 듯하고 일주일 기도는 짧은 것 같아,
다니엘이 드린 세이레 기도를 온 교인이 새벽마다 드렸습니다.

자명종이 울린다 5분만 더
꿀 같은 단잠 접으니 오히려 미명

가장 먼 길은 신 신을 때까지런가
찬 바람 가르고 단숨에 날아드니
포근한 내 아버지 집의 평안

아버지, 문안 인사드립니다
고요히 머리 숙여 묵상하니
촉촉이 내리는 하늘의 만나

둘러보면 하나 가득 사모하는 마음들
업히고 걸리어 온 아가들 복 있으라
교복 차림 대견한 청소년들 소망 있으라
굽은 허리 불편한 걸음 백발 어르신들 강건하여라

영롱한 눈망울로 놓칠세라 말씀에 아멘
싸매고 싸맨 기도 단지 열어 놓으니

하나님 흠향하시고 때에 맞춰 응답하신다

졸지도 않고 주무시지도 않으신다더니
새벽에 도우시는 잠 없으신 하나님

가슴 따뜻한 이야기

가슴 저민 성탄

'하나님의 일꾼' 이 되라고
12월 23일에 태어난
'하일' 이의 출생 이야기

신앙 안에서 만난 두 젊은이를 주례했습니다
얼마 지나 임신했다는 소식과 함께
아기가 건강하게 잘 자라고 있어
밀레니엄 베이비로 태어나게 된다는
기쁜 말까지 들었습니다

예정일이 한 달 남은 엊그제 초음파 검사를 하였더니
달포 전 검사 때까지도 건강했던 아기에게
그만 이상이 생겼습니다
뇌의 뒤쪽에 물이 차서
정상아로 자라기 어렵다는 진단이었습니다

이 무슨 청천벽력
아픔 중의 아픔은 자식의 일이라
이 일을 어찌할꼬, 혼란과 방황
주변의 사람들은 이야기합니다
그 아이로 인한 무거운 짐을 어찌 일생 지려고 하는가

수술비에 양육비에 없는 살림
지칠 인생도 그렇겠거니와
태어날 동생들에게까지 버거운 짐일 텐데
그냥 두 눈 딱 감고 없었던 일로 하면 어떻겠는가고
목사님 이 일을 어찌해야 하나요
목회 생활 중 가장 어려운 때가 이때이어라
그냥 낳으라 하니 무책임한 말 같고
낳지 말라 하니 못할 말이라

'내 뜻대로 마옵시고 아버지의 뜻대로 하소서'
결국 부부가 그 말에 순종하고 합의하니 평안이어라
생명 주신 분은 하나님. 키우실 분도 하나님
감당치 못할 시험 없으리
수술 성공 확률은 45퍼센트라지만

그날로 아이 낳아
손바닥만 한 아이를 수술대에 올리니
저미는 아픔
그래도 그러기를 잘했다는 안도감

아기 예수 보내실 때
아버지 하나님도 그랬으리라
땅에는 기쁨이나
하늘엔 가슴 저민 이 성탄의 아침

어머니의 기도

최 장로님 어머니의 기도응답 이야기

최 장로님 거실 가득 가까운 친척까지 둘러앉았다
아버님 44주기에 어머님은 27주기 추모 예배
추위도 달아날 따사로운 사랑이 가득하여라

목사님 인도로 설교를 마친 후
고인의 추억을 이야기해 보시라 했더니
큰아들 최 장로님이 눈물 한 움큼 안고
어머님의 기도를 말하시었다

어머님이 살아생전 드렸던 세 가지 기도 제목

하나님, 7년 중풍 된 남편
이제는 고생 그만 하게 데려가시든지
아니면 일어나 교회 가게 하시든지…
그 기도 후 업혀서 간 부흥회에서 기적이 일어났으니
아픈 몸 고침 받아 3킬로미터를 걸어 3년 교회 다니시고

하나님, 올망졸망 3남 1녀 자식들
그저 하나님 집 제단에 일꾼 되어 쓰임 받게 해 달라고

10여 살 철모르는 자녀 놓고 빌고 또 빌었더니
반세기 지난 지금 권사에 집사에 장로는 둘이라

하나님, 가난하게도 마옵시고 부하게도 마옵시고…
언제 아셨는지 아굴의 기도를 읊조리던 소박한 기도
지금은 열매되어
하나님을 모른다 할 만한 배부름도
하나님의 이름을 욕되게 할 만한 가난함도 아니오니

어머니의 기도는 정직이어라
오롯한 하나님의 마음이어라

돌아보니 자식의 자식 됨은
어머니의 기도 덕인 것을
세월 지나 알게 되니
추모 때마다 그리움은 밀려오고

어머님의 육신은 떠났어도
그 기도는 오늘도 그렇게 남아
허허로운 이 세상을 살아갈
자식들에게 그처럼 고마운 성육신이 됩니다

아니 된 것 같아도

김 장로님, 김 권사님 가정의 믿음 이야기

새해엔 십일조 백만 원씩 하게 하소서
부부가 합의하고 기도드렸다

구조 조정에 경제는 기울고 일감마저 없는데
둘째 아들은 중이염에 아내의 가슴엔 암 덩어리
믿음으로 살려 하건만
하나님 어찌 그리도 더 어려운가요

그래도 감당치 못할 시험 없으리
'너의 형편 내 아노니' 하나님 바라고 소망했노라

긍휼의 하나님 일용할 양식까지 구하라 하시더니
'너 이거 쓰라' 며 뜻밖의 돈 주셔서
십일조 계산하니 꼭 기도한 대로라

암 수술 받아야 할 김 집사 위해
우리 선생님 낫게 해 달라고 학생들은 무릎 꿇고
큰일 나면 안 된다고 성도님들 간구하니
하늘에 사무친 기도 우리 하나님 들으셨더라

수술비 걱정 말라던 아내 집사의 말대로
고마운 암 보험을 받아 들고는
모든 것이 하나님의 은혜라
부부 마음 합해 하나님 것 구별하니
한쪽 가슴 떼어 낸 제물 중의 제물이라

그렇게 드려진 십일조를 맞춰 보니
어느덧 반년 치도 넘게 채웠음이라

하늘 언약 마음 담고 사노라며는
아니 된 것 같아도 되는 것이니…

어떤 감사헌금

요즘 우리 교회 집사님 가게가 어렵다 하여
지나는 길에 잠깐 축복해 드릴 양으로
간다는 말도 없이 덜컥 찾아가노니

이 어찐 영광이랴 좋아 어쩔 줄 몰라라
부부가 내놓은 로열석에 앉아 두 손 모아
하늘의 보고(寶庫) 열어 주십사 간구하니
더위가 와도 가무는 해에도 걱정 없어 하여라

나가는 길 막아서며 맛난 대접하겠노라 막무가내
가끔 간다는 참치횟집으로 몰더니
회 한 대접 시켜 놓고 목사님 감사 기도라

기도하던 모습을 주인장이 보았는지
아이고, 개업 이래로 목사님은 처음이네
어머님은 권사님, 자신은 엉터리 신자라
교회도 못 나가고 어머니 기도로 산다며
묻지도 않은 말 주저리주저리 고백이라

마음에 감동되어 생면부지 사장 앞에서
참 좋은 참치 집 잘되도록 기도하니
기도는 주님이 받으시고 감동은 주인에게

나오는 길에 하얀 봉투 내놓으며
자기 대신 하나님께 드려 달란다
신앙에 맺힌 가슴 그리라도 풀어야
어머니와 하나님께 보답함이 되련가

가려진 영혼 그렇게라도 드러나야
하나님 백성으로 다시 살 수 있잖은가
이런 감사헌금 받아 보기도 처음이라

지금은 사업이 번창하여 '이춘복 참치집' 이 되었다.

밥값 좀 주세요

사무실에 앉아 있으면 하루에도 몇 명 씩 돈 좀 달라고 찾아올 때가
있습니다. 경제의 상태에 상관없이 어렵게 사는 사람들은 여전하네요.

'목사님, 또 왔습니다'
넉살 좋게 웃으며 손 내민다

이번엔 또 어디서 한잔하고 처박았는지
상처투성이 얼굴로
밥값 좀 달란다

하루는 자기 친구도 데리고 왔다며
친구에게도 돈 좀 주시라고 양양하게 말한다

젊은 사람이 할 게 없어서 구걸이냐고
목젖까지 올라온 그 말을 하고 싶지만
그것도 정이라고 매정케 할 수 없어
끝내 할 말은
'교회 좀 나가세요'

믿음은 들음에서 생긴다던가
돈 천 원에 한 번씩 들은 말 공짜는 아니어서

오늘도 찾아와
자기도 이제는 교회를 다니게 됐노라 한다

다니는 교회에서는 차마 구걸 못 하여
은혜는 본교회에서 받고
구걸은 나눔의교회에서 한단다

돌아서는 뒷모습이 밉지 않음은
작은 소자로 오신다는 주님 때문이어라

제비뽑기

이번에 후임으로 담임 목사를 모시게 된 지방의 어느 교회 이야기입니다.

교회를 잘 부흥시키고
일찍 은퇴를 작정하신 목사님께서
후임 목사님을 구하는 광고를 냈습니다

'나이는 40세 이상, 자격은 장신대 신대원 졸업'
은혜롭게 성장하고 기반이 잡혀 있는 교회인지라
전국 각지에서 보내온 이력서만 90통

인사 위원 6명이 모여 기도드렸습니다
'하나님, 우리가 어찌 목사님을 헤아려 모시리이까
이곳에 제출한 90분은 모두 자격 있는 분들이오니
하나님께서 직접 우리 교회에 가장 적합한 한 분을
택하여 주옵소서'

이력서가 들어 있는 봉투를 단 한 통도 개봉 않고
6명이 함께 모여 간절히 기도드린 후
한 사람이 한 통씩 뽑았습니다
다시 6통을 앞에 놓고 더 간절히 기도드리고
마지막 한 통을 뽑았습니다

만에 하나 개봉하여 자격 미달자 서류라면 몰라도
그렇지 않다면 만장일치로 모시기로 했습니다

그리고 지금, 그 교회는
'우리 교회에 너무 적절한 목사님 보내 주셨다'고
감사하고 있습니다

"제비는 사람이 뽑으나 모든 일을 작정하기는 여호와께 있느니라"

(잠 16:33)

을지 병원 9층

아직도 말이 안 터진 김 집사님의 언어 회복을 기도 드리며…

을지 병원 9층의 김 집사님
아이 되어 울다가 웃다가
장로님 보고 웃고 목사님 보고 울고
보더니 웃고 간다니 울고

중환자실 일주일은 깊고도 깊은 잠
하나님 깨워 주세요 꼭 깨워 주세요
중보기도 달콤한 입맞춤에 깨어나고
오십 살 인생 접은 다시 태어난 신생아

왼쪽 뇌에 실핏줄 막혀
'아멘' 부터 말 배우고
오른쪽 팔다리 기능 잃어
다시 걸음마와 팔 올리기부터

함께 부른 찬송 495장
'오~이 오~이' 만 반복되는 말
그래도 내 영혼이 은총 입어
슬픔 많은 이 세상도 천국으로 화하도다

시편 23편 따라 읽는 순한 눈동자엔
사망의 골짜기에서 목자 되신 주님 보고
순진한 웃음은 무거운 모든 짐 벗은 듯
다시 깨어난 혼은 새로이 보태진 인생

하나님이 무지 사랑하시는
아기가 된 우리 김 집사님
뉘라서 알 건가
그 깊은 하나님의 또 다른 사랑을!

하나님 은혜로 살지요

중국 흑룡강 성 하얼빈시 살던
어머니와 아들이 한국에 왔습니다
신당동에 월세 얻어 손 닿는 대로 이일 저일 하며 지내다
2여 년 전 우리 교회에 등록하였습니다

저 지난 수요일 예배 끝나고
두 母子의 살아온 이야기를 간증으로 들었습니다
어머니 성도님은 말끝마다
주님의 은혜로 살고 있다 했습니다
과묵한 아들 청년도
주님의 은혜를 말할 때는 생기가 넘쳤습니다

돈 벌러 왔던 한국에서의 초창기 생활은 어려웠습니다
일당도 못 받고, 돈은 떼이고, 속기도 하고
그러던 어느 날 일 마치고 집에 와서
기도하고 찬송하고는 자리에 누웠는데
갑자기 어머니 성도님 오른쪽 귀에
'십일조!' 하며 천둥이 치더랍니다

그 소리가 너무 생생하게 들려
그 주부터는 아무리 어려워도
제일 먼저 십일조부터 드렸답니다

그러고 난 뒤 아들 일이 어찌나 잘되던지
입만 열면 하나님 은혜 감사, 감사

아들 혼자 일해도 다른 사람 두 몫보다 빨리 끝나고
사장님은 오히려 천천히 하라고 권하실 정도요
주일 성수 맘에 걸려 간절한 기도 제목 삼으니
혼자서도 할 수 있는 일감이 척척 생겨나
걸어도 뛰어가니 이 어찌 감사치 않으리요

어머니 성도님의 친정은 강원도요 시댁은 경상도랍니다
할아버지 때 만주에서 살다가
두 동강 난 조국에 올 수 없게 되자
그곳에서 태어난 우리 성도님도
그만 중국 사람이 되어 버렸습니다

죽의 장막 중국에서 숨죽이며 어렴풋이 만났던 예수가
한국에 와서 더 확실해진 것은 분명 하나님의 섭리입니다
이번 달에도 지난달에도 걸쭉한 십일조가 드려졌습니다

강단에 올라온 십일조 봉헌 기도를
예의 그냥 드릴 수 없음은
하나님 은혜로 사는 자들의 저토록 귀한 간증이기 때문입니다

하나님이 오신다

부천에 사는 보석이네 집에 심방 갔습니다
연립주택 반지하 계단을 내려서니
목사님 오신다며 반갑게 열어젖힌 현관문 너머로
다섯 살 명균이가 반겼습니다
보통은 잠깐 인사하고 제 놀기에 바쁜 법인데
오늘은 목사님을 바라보는 눈길이 예사롭지 않습니다

모두들 둘러앉아 예배를 드리는데
형 보석이와 함께 한쪽 자리에 눌러앉아
잠시도 눈을 떼지 않고 열심히 말씀을 듣습니다
어허, 이거 봐라 장난이 아니네

너무나 기특해 두 형제가 어찌 그렇게 예배를 잘 드리느냐고
엄마에게 물었더니
'목사님이 우리 집에 오실 때에는
하나님도 함께 오신다'고 단단히 일렀답니다

그렇구나, 그토록 목사님을 뚫어져라 쳐다본 것은
목사님 얼굴이 아니라 하나님을 보려고 그랬었구나
어린아이 같은 믿음이어야 한다더니
이를 두고 한 말이라

두 아이 오라 하여 양 무릎에 앉히니
놓칠세라 달려와 목사님 품에 안겨
이삭의 축복 기도를 받았습니다

일 년에 한 번뿐인 춘계 대심방
온 마음 다해
주님 맞는 마음으로 심방 받는 가정마다
오늘도 하나님은
이토록 촉촉한 하늘의 이슬을 내리십니다

건강稅

한 해가 가기 전, 연말에는 꼭 봉사를…

하나님께로부터 연말에
건강稅 고지서를 받았습니다
한 해 동안 건강하게 산 것에 대해
세금을 내라는 고지서입니다
이 일은,
돈으로 받지 않고 시간으로 받는답니다
건강치 못한 사람들을 몸으로 직접 섬겨야 합니다
그것도 연말이 가기 전에 갚아야 한답니다

서둘러
임마누엘 집 봉사팀에 끼어
건강稅를 납부하였습니다
한마디 말을 위해 온몸을 비틀어야 하는
뇌성마비 친구들을 휠체어에 싣고
몸은 다 컸어도 생각은 여전히 아기인
정신장애 식구들과 함께
일대일로 짝을 지어 전철을 탔습니다

두 시간 삼십 분짜리 '해리 포터와 마법사'를 보고
롯데리아에서는 햄버거를
저잣거리에서는 순대도 먹었습니다

아빠 목사님이 시집보내 준다며
좋아라 하는 이숙이는 종일 연실 웃었고
자폐증에 방바닥만 보고 살던 형용이는
손 내밀며 악수하는 기적을 보였습니다
재필이는 자랑하듯 시에 대해 읊조렸고
똑똑한 실희는 목사님 이름을 정확히 불렀습니다

그날 건강稅를 치르느라
허리 어깨 무릎이 아팠지만
더 많은 건강稅를 지불한다 하여도
내년에도 이런 일이 더 많기를 빌어 봅니다

송파구 거여동 '임마누엘집' 이야기입니다

엄마도 나 없으면

심방 다녀오는 길에
엄마와 함께 여섯 살 형선이도 동행했습니다
차를 타고 함께 오는데
형선이가 엄마 말을 듣지 않았나 봅니다

'너, 엄마 말 안 들으면 엄마 집 나간다
엄마 없으면 너 혼자 못 사는 거 알지?'
엄마가 겁을 주었습니다

심각해진 형선이가 이내 하는 말
'피, 엄마도 나 없이는 못 산다. 왜'
…

우린 하나님 없이 못 살잖아요
그런데 우리 하나님은
우리 없인 더 못 산대요
우리 없인 더 못 산대요 글쎄!

맞는 말입니다
하늘이 웃었습니다

하나님은 분명 사랑

IMF 된서리에 교회를 못 나오게 된 이 집사님
믿음이 없어서 아니라
혹이라도 빚쟁이가 교회로 찾아와
흉한 꼴 보여 교회에 누가 되면 어쩌나 하는 마음 때문에
빚도 못 갚고 2년이나 피해 다녔습니다

며칠 전 그 집사님에게서 전화가 왔습니다
장로님과 교인들 안부를 일일이 물은 후
교회에 가고픈 절절한 마음을 전했습니다
남의 돈 못 갚아 평생 죄인으로 살 수밖에 없다는
집사님은 지금 분명 빚진 죄인임에도 불구하고
그의 마음은 하늘을 달렸습니다

잘나가던 사장 시절 가지고만 다녔던 성경은
매일의 묵상이 되었답니다
저 잘난 멋에 판단하고 옳다고 내세웠던 고집은
교만임을 알았답니다

하나도 남김없이 다 털린 후 다시 찾은 하나님
사장 자리 대신 빚진 자로
천국을 다시 찾게 하시는 하나님은 분명 사랑이십니다

사랑이라는 밥

밖에는 비가 오고 교회엔 혼자뿐
끼니 놓친 저녁에 허기가 진다
오늘 밤엔 심야 기도회 인도다

집까지 다녀오긴 시간이 없고
식당에 혼자 가긴 번잡해 싫다
시키자니 한 사람 배달은 어림도 없고
교회 식당에서 해 먹기는 더욱 난감

우리 교회 집사님 식당에 전화 걸어
밥 한 그릇 주문했다
부슬부슬 내리는 비를 아랑곳 않고
오토바이에 열두 가지 반찬을 싣고는
환한 웃음 담아 번개처럼 달려 왔다

- 목사님, 언제라도 식사하시고 싶으면 전화 주세요
저희들이 섬길 일은 그 일이잖아요

보자기 걷어 내니 모락모락 김 오르고
정성 담긴 반찬은 차라리 진수성찬
차려 온 음식마다 어머니 손맛
그날 내가 먹은 것은 밥이 아니라 사랑이었다

관리 집사님

주의 궁정에서 한날이
다른 곳에서 천날보다 낫고
내 하나님 문지기로 있는 것이
악인의 장막에 거함보다 좋다네

성전 바닥에 떨어진 부스러기는
버리기 아까운 금싸라기라 티끌까지 담아내고

혼돈된 자리 흩어진 구석마다
땀 흘린 손길 잠잠히 묻어나면
하나님 보시기에 좋았더라
제자리 찾는 샬롬이 그곳에 있네

시들하던 꽃들은 생기를 찾고
버려질 물건들은 의미를 찾는
창조의 손길이 거기 있어라
숨었던 모든 것은 제 얼굴을 드러낸다

한 사람의 손길인데
한 사람의 걸음인데

내 하나님 문지기로 있는 것이
악인의 장막에 거함보다 좋다네
올해 83세, 여전하십니다

향기로운 산제사

계단 내려오다 헛디딘 발목
삐끗하더니 목발이 되고
이럴 때 하필 주일 저녁 예배에
때맞춘 기도 담당
발목 삐어 못 간다 할 수 있건만
일 년에 한 번이라 미루면 안 되지
절뚝거리며 앞 단상 대표 기도 드리고는
목발 짚고 돌아서는 임 집사님 보며
그래 저것이 하나님께 드리는 산제사야

단단한 몸 넘치는 힘
건강은 자신 있다 했던 한 집사님이
맥없이 기운 빠져 병원에 가니
오른쪽 뇌 작은 혈관 막혀 경색이라
퇴원하여 주일 예배드리러 와서는
어눌한 말 부자유한 왼쪽 팔다리로
호루라기 불며 여전한 주차 관리
한 집사님, 지금은 안 됩니다 하여도
제가 하나님께 드릴 것이 이것입니다

건강해야 봉사하는 것은 아닙니다
있어야만 드리는 것도 아닙디다요

내 소중한 것이 사라진 자리에서도
그래도 맡겨진 일 소홀히 할 수 없어
몸으로 드려진 하나님을 향한 번제
가장 향기로운 제물은 바로 그것입니다

사도신경 신앙고백

친구 목사 아버님 장례 예배에 참여하였습니다.
집례 목사님은 고인을 회상하며 이런 말씀을 하셨습니다.

86세 고령에 불편한 몸 이끄시고
돌아가시기 전
한 번이라도 더 예배드리시겠노라고
모든 공예배에 한 번도 빠지지 아니하셨다

나이 들어 기력은 쇠하여지고
언제 하나님이 불러 가실지 알 수 없어
이번 예배가 마지막일지도 모른다며
예배를 드렸다

혹 의식이 흐려져 무의식중에라도
하나님에 대한 신앙고백이 흐릿해질까 봐
매주일 예배드릴 때 온 마음을 다해
사도신경을 진지하게 고백했다
그 신앙고백이 죽기 전 하나님 앞에
마지막 고백이 될지도 모른다는 생각으로

주 '기도' 문에서 기도가 빠지면 주문만 남는다
사도신경 고백도 입술에만 머물면 암송이 된다
예수님이 싫어하신 것은 마음이 없는 형식이었다
사도신경 신앙고백은 마지막인 것처럼 해야만 한다

부흥회 광고

교회 부흥회도 시즌이 있나 봅니다.

요사이는 신문에 부흥회 광고 전단지가
매주 끼어 배달되네요
교회마다 영혼을 일깨우는 플래카드가
골목과 건물에 하나 가득합니다

부흥 성회, 심령 대부흥회, 대각성 전도 집회
이름은 달라도 모두 영혼이 다시 살아야 한다는
간절한 바람이 들어 있는 하늘의 잔치이지요

너무 흔하면 그 가치도 떨어진다고 했나요
예전엔 어느 교회에서 부흥회 한다 하면
그 동네 예수 믿는 자들의 천국 잔치가 되어
먼 길 마다 않고 달려와 끝내기를 아쉬워했는데

지금은 부흥회가 한국 시리즈만도 못한가 봅니다
재미있는 연속극 한 편에 목을 걸고
코미디언의 우스갯소리에는 귀를 기울여도
하나님이 마련하신 천국 잔치엔 별로 마음을 안 써요

'사람을 강권하여 데려다가 내 집을 채우라…
전에 청하였던 그 사람들은
하나도 내 잔치를 맛보지 못하리라' (눅 14:23,24)
오죽했으면 주인이 그렇게 말했겠어요

이번 사흘 동안의 대각성 전도 집회는
한 사흘 병원에 푹 입원한 셈 치고
다른 약속하기 없기입니다
다소곳이 앉아 주님 말씀 듣던 마리아처럼
바쁜 세상일 잠시 접어 두고 주님 앞에 무릎 꿇기야요

아셨죠?
하나님도 본전 찾으셔야죠

"나를 사랑하는 자들이 나의 사랑을 입으며
나를 간절히 찾는 자가 나를 만날 것이니라"

(잠 8:17)

미국서 온 십일조

개척교회 초창기, 청년을 보듬던 왕언니가 미국으로 갔습니다

고이 접은 봉투에 겹겹이 넣어
누군가 손 닿으랴 보내온 달러

마지막 1불까지 셈하고 또 셈하여
가이사의 것은 가이사에게
하나님의 것은 하나님께
구별하여 보내온 온전한 십일조

고국 떠나 미국간 지 2년 2개월
이제는 떠난 교회 잊을 만도 한 세월

잊었으면 어쩌나 마음 졸이면
또다시 날아오는 고마운 그리움

자매야,
이쪽으로 십일조 보내면
그곳 교회 목사님 서운해하신다
그래도요 목사님,
십일조는 본교회에 해야 되잖아요

돌아올 기약 아직 없건만
그래도 본교회로 마음 담고 있으니

자매야,
내년 대심방 땐
아무리 멀어도 가 봐야겠구나

세월을 묶어 두는 그리운 첫사랑

Story 5

선교와 전도

오히려 그들입니다

가끔 중국 교회 지도자들에게 말씀을 전하러 갑니다.
그러나 오히려 도전 받고 배우고 오는 자는 우리들입니다.

중국 길림성의 통화시는 옛 고구려 땅
광개토대왕의 호령이 서려 있던 곳
그곳에는 아직도 우리와 같은 말을 하고
살아가는 방식도 비슷한 조선족들이 있다

통화시 인구가 50만에 조선족은 5천여 명
이녁 땅 외진 곳에서도
민족의 문화를 지켜 나간 그 꿋꿋함과
공산당 이념 아래 무너진 복음이
어찌 이리도 생명 깊은지

말씀을 사모함이 하늘에 사무쳐
한국서 오신 목사님들 말씀 듣겠노라
십 리 길 멀다 않고 찾아오는 발걸음

끝나는 시간 아쉬워라
조금만 더, 한 번만 더…
돌아오는 날 뒤돌아서서
눈물 찍어 내는 저들이야말로

우리가 다시 찾아야 할 주님의 첫사랑이어라

50만 통화시에 목사님이 단 한 분
그것도 중국 목사
세례를 받고 싶어도 성찬을 하고 싶어도
축도를 받고 싶어도 생각뿐이어라

한국 목사님들의 집회도 허락이 안 되어 광고도 못 하고
숨죽이며 드려야 했던 통성 기도 시간
기도밖에는 막아 낼 재간이 없다며
기도 부탁하시던 전도사님

탈북자 동포에게 먹을 것 주었다고
한국에서 도움 받아 교회 지었다고
작년 가을은 공안국에 끌려 다니느라 초비상이었다

따뜻하기만 하면 음식이 상한다던가
고난 속에서 꽃 피워 가는 순수한 믿음
참 복음을 전해 준 자들은
우리가 아니라 오히려 그들이었다

福民街教會 <small>(중국 요령성 환인현의 교회)</small>

아무리 척박한 어둠의 땅이여도
하나님이 숨겨 놓은 엘리야의 칠천명이 그곳에 있습니다.

중국 요령성 환인현
고구려 고주몽의 첫 도읍지
30년을 거슬러 살아가는 과거의 도시
그곳에도 하나님은 일하고 계셨다

누가 하나님을 말했나, 믿으라 하였나
공산당 유물론에 하나님이 어디 있나
온통 새빨간 물결
하나님은 없다 하나님은 없다

다시 말하노니 하나님은 없다
하나님 믿으면 천대받을 각오

그래도 그곳에 택한 백성 있으니
32만 인구에 교회는 오직 하나
조선족 전도사님 한 분뿐이라
중국 漢族마저도 영혼 맡길 목자 없어
주일과 수요일은 조선족 교회로 모인다
전도사님 설교에 그리도 크게 아만 아만(아멘)

술에 잡힌 영혼 붙잡아 주의 종 삼고
공산당 열성 여장부를 권사로 세우더니
온갖 귀신 몰아내고 주의 백성 보살핀다

고구려 숨결 어린 첫 도읍지에
지금도 하나님은 일하고 계셨다
福民街敎會에 사도행전 이어 간다

대보름 명절에

중국에서는 정월 대보름이 큰 명절이어서 설부터 대보름날까지
보름가량을 쉽니다. 대보름날은 동네 곳곳마다 폭죽 놀음에 집 앞
골목마다 촛불을 켜 놓고 종이를 태워 올리며 복을 빌고 영혼을 달래며
악귀를 쫓습니다. 밤이 되면 시내 가장 번잡한 곳에 온 시민이 함께 모여
불꽃놀이를 합니다. 우리가 갔던 통화(通化)에서도 중국 돈으로
백만 위안(한국 돈 약 1억 5천만 원)어치의 폭죽을 한 시간 불꽃놀이에
썼다고 운전기사가 자랑스럽게 이야기합니다.

불꽃놀이 절정 이룰 그 시간에
갈대 같은 군중들은 시내로 향하고
숨겨 놓은 엘리야의 사람들은
발걸음 거슬러 수요 예배 지킨다

명절의 즐거움, 불꽃놀이 재미보다
예배하는 믿음이 먼저라네 먼저라네
하나님이 죽의 장막 중국을 사랑함은
주님 사랑하는 그들 있기 때문이라

수요 예배 끝나고 우리도 명절하세
그곳에도 통하는 윷놀이 한 판에
찬송가 노래자랑에 춤판을 어우르면
이곳은 중국도 한국도 아닌 천국이라

市에서 하는 문화 행사에 교회가 나와
오직 찬양으로만 춤도 노래도 하였더만
웬 놈의 하나님 찬양이냐 핀잔을 하더라
눈 하나 까딱 않고 더 크게 신앙고백

역사는 흘러도 민요는 안 변하듯이
하나님은 어디서나 한결같은 모습이라
보름달을 바라보니 바로 내 곁에 휘영청
그것은 저들을 보는 맑고 큰 하나님 마음

선교헌금

필리핀 교회 개척에 헌금하기로 하였습니다. 건축비 규모에 맞춰
사택은 빼고 30평 교회만 짓기로 상의하였습니다. 특별 헌금 없이
재정부의 헌금만으로도 할 수 있지만, 이 좋은 일에 교인 모두 동참하는
것이 좋을 듯싶어 다 함께 헌금하는 마음을 모으기로 하였습니다.

나눔의교회 개척할 때 일꾼 주시고
엘리야 먹여 살린 까마귀도 보내 달라 기도했지요
성실하신 하나님
돌아보니 모두 응답이었어요

필리핀에 교회 세운다 생각하니
남의 일처럼 여겨지지 않았어요
그곳에 새겨질 눈물과 십자가가
어떤 것인지 알기에 더욱 그래요

단 한 사람이라도
진실하게 기도로 돕는 자가 있다면
십시일반 헌금으로 함께 나누는 자가 더 있다면
광야의 식탁은 얼마나 풍성해질까

하나님의 뜻이라 여겨 이왕에 세우는 것
우리도 했다는 흉내만 내고 싶지는 않아요

하나님 보시기에 다 같은 영혼
그 영혼들의 구원의 역사가
야자나무 즐비한 남쪽 땅 이국에서
날마다 전해진다면
그야말로 저들은 우리의 면류관입니다

필리핀 기념 교회

배고픈 시절 어려운 농촌에서 육남매를 키우던 어머니는
새벽마다 고단한 몸 일으켜 늘 성전에서 기도하셨습니다.

기도하고 집으로 돌아오면, 몸에 밴 찬 공기 그대로 담아
제일 먼저 옹기종기 한 방에 모여 자는
육남매 머리에 손 얹고 축복했습니다.
'요놈도 잘되고, 조것도 잘되게 해 주세요, 하나님!'

그 육남매 중 한 아들이 서울에 올라와
우리 교회에 등록했습니다.
가진 것 없는 청년은 안 해 본 일이 없습니다.
녹록치 않은 세상과 씨름할 때마다
그도 어머니처럼 언제나 새벽을 살았습니다.
그렇게 15년이 지난 지금, 그는 어머니의 기도대로 되었습니다.
다른 자녀들도 그랬습니다.

분명 이 모든 것이 전적인 하나님의 은혜지만,
그래도 자식들은 어머니의 기도 열매를
하나님께 올리고 싶었습니다.
때맞춰 '땅 끝까지 복음을 전하자' 는
우리 교회의 선교 비전에 맞추어
필리핀에 기념 교회를 헌당하였습니다.

필리핀의 수도 마닐라 공항 남쪽으로
서너 시간 차를 타고 내려가서,
다시 배를 타고 두어시간 바다를 가르면
민도르섬이 나옵니다.
그곳에서 다시 두어 시간 지프니를 몰면
인구 7만 명의 '나우완' 이라는 도시에
칼리니산(Kalinisan)이라는 농촌이 있습니다.
바나나 나무가 곳곳에 널린 백여 호가 모여 사는
필리핀의 전형적인 농촌입니다.

그곳에 우리 교회 이름으로 선교비를 보내고,
신실한 현지 한국 선교사님을 통해
그 지역의 협력 교단 노회에서 교회를 선정하고,
6개월에 걸쳐 예배당을 지었습니다.

입당 예배드리는 날.
한국에서 귀한 손님들 온다고,
리본으로 만든 꽃을 목에 걸며 환영해 주었습니다.
순진하고 친절한 모습이 정겹습니다.
하얀 건물 가장 잘 보이는 곳에
'나눔의 기념 교회, 중구, 서울, 코리아' 라는
한글과 영어로 쓴 글이 선명한 머릿돌부터 달았습니다.

작년 가을 모질게 강타한 태풍이 할퀴고 간 흔적이 역력하지만,
성전은 아담하고 산뜻하고 깨끗하였습니다.

필리핀 교단의 노회장과 임원들도 왔습니다.
그곳 교인과 우리 교회 교인과 동네 사람들이 함께 어우러져
영어와 한국말과 따갈어로 입당식을 드렸습니다.
통돼지로 바비큐 하여 동네잔치도 했습니다.
이런 성전을 짓는 것은 농촌 교회의 형편으로는
한세대 30년이 지나도 안될 일이라며 감격하며 기뻐했습니다.

2년 6개월 전에 우리 교회 입당 때도 그랬습니다.
땅 한 평 없어 언제 이룰지 모를 성전 건축을
하나님은 헌신하는 사람을 통해
순식간에 아름다운 성전을 이루어 놓으셨습니다.
칼리니산 교회가 그러했듯이 말입니다.

오늘도 복음은 이렇게 땅 끝까지 전파되고 있습니다.

어떤 선교비

주님을 사랑하는 어느 집사님이 필리핀 선교에 함께 가려고
돈을 모았습니다. 떠나기 전 사정이 생겨 가지 못하니 그 돈이 그대로
남게 되었지요. 이번에 못 쓴 돈 고이 모아 두었다가 다음 번 선교에
쓰면 되련만, 선교에 쓰기로 작정한 돈 이대로 묵혀 두는 것이 옳지
않은 것 같아 목사님 알아서 처분하라며 내놓았습니다.

집사님,
그러잖아도 그렇게 가고 싶어하는 어느 분이
꼭 그 돈이 없어서 신청을 못하고 있습니다
목사님,
저도 그분을 생각하고 있었지요

이것이 하나님의 계시런가
까마귀를 통해 엘리야를 먹이시더니
아무것도 염려하지 말고 기도하시라더니

함께 나누고 보니 아름다운 세상

본향에 지을 집

몇 해 전 연초에 인도네시아로
청년들과 함께 단기 선교를 떠났습니다
그곳 선교사님 집에 들러 거실에 보니
한국에서 보내온 성탄 카드가 가득 걸려 있었습니다

그러나 그 자리에 앉아 있기가 민망했음은
임 선교사님이 나의 친한 친구임에도
내가 보낸 카드는 한 장도 없었기 때문입니다

문득, 천국에 갔을 때 주님의 거실에서도
주님께 보내 드린 것이 아무것도 없어
이토록 민망하면 어쩌나 부끄러웠습니다

이번에 필리핀 피나한 교회를 다녀왔습니다
김 선교사님 오토바이 뒤에 바짝 붙어
흙먼지 뒤집어쓰고
민도르 섬 한쪽 시골구석까지 찾아간 것은
우리의 기도와 물질이 묻혀 있는
피나한 교회가 그곳에 있었기 때문입니다
물질과 기도가 있는 곳에 분명 마음도 있습니다

2년 9개월 전 우리가 보내 준 건축재료로
그만큼만 피나한 교회는 지어졌습니다
그때는 커 보였는데 지금 보니 작았습니다

본향에선 보낸 재료만큼만 집을 짓습니다
보낸 것이 없어 나처럼 민망해할 사람은
살 만한 집이 없어 노숙자가 되면 이 일을 어쩌나요

닷새를 필리핀의 나그네로 있으면서
내가 가야 할 본향이 또 생각났습니다

로마의 바울교회

바티칸 베드로 대성당 그 웅장한 곳에
관광객만 보인다
베드로만 앉아 있다
요한 성당 흰 대리석 그 아름다운 성전에
구경꾼만 보인다
열두 제자만 서 있다

시내를 벗어나 잊혀진 거리를 달려온 바울 참수 교회엔
사람이 없다
고즈넉한 매미 소리만 난다

바울의 목이 잘려 세 번 튕기운 곳마다 물이 솟고
순교의 피 생명 되었던 그 자리에 교회가 섰다

순례자인 듯 몰려온 흑인 성도 한 무리가
강단 앞쪽에 자리하고 찬양을 부른다

하늘에서 내려온 소리런가
떠나야 할 바쁜 여정의 발목을 묶는다
사제는 약속한 듯 미사 준비를 한다
바울 참수 교회엔 사람이 없다
예배자만 있다

아무리 성전이 웅장해도
위대한 순교의 신앙을 기려도
진귀한 보물과 최고의 조각이 있는
하나님의 집이라 하여도
그곳에 예배가 없으면
예배가 없으면 하나님도 없더라

예배가 그리도 존귀하며
하나님이 이토록 좋아하신다는 것을 알게 된 것은
유럽의 나그네 되어
예배자 아닌 구경꾼 되어 얻은 축복이어라

소두라교회

따스한 봄 햇살에 소포 하나가 실려 왔습니다
받는 곳은 나눔의교회 보낸 곳은 소두라교회
소두라 교회는 우리 교회가 선교비를 보내는
여수시 남면의 어촌 교회입니다

웬만큼 자라면 모두 도시로 떠나는 바닷가 마을엔
언제부턴가 사람이 귀한 곳이 되었습니다
교인이라야 열 손가락도 다 못 꼽을 숫자이지만
한 영혼을 소중히 여기시는 하나님은
그곳에 68세의 할아버지 양 목사님을 세우셨습니다

가끔씩 저에게 편지를 써서
'교회에서 보내 주시는 선교비는 잘 받고 있으며,
나눔의교회에 감사하여 늘 기도하고 있다'며
교회 소식과 함께 정겨운 소식을 묶어 보냅니다

오늘 받아 본 소포엔
라면 박스 크기만 한 건빵 종이 박스에
정성스럽게 담은 미역과 파래가 담겨 있었습니다
양 목사님과 사모님이 소두라 청정 앞바다에서 직접 채취하여
깨끗한 바람에 정성껏 말린 것이라며 보내왔습니다

자연산이라고 특별히 강조하는 목사님 말에
때묻지 않은 정겨움이 하나 가득 밀려왔습니다
한번 가 본다고 해 놓고는 잊고 지내어 미안했습니다

생각은 해도 표현은 쉽지 않은 법인데,
생각을 표현한 소포를 열어 보면서
오히려 받는 쪽은 우리라는 생각이 들었습니다
보낸 것은 선교비였는데
돌아온 것은 더 큰 사랑의 정이었습니다

입맛 잃기 쉬운 새봄에 교회 식당에 펼쳐 놓고
정으로 무치고 사랑으로 끓인 파래무침과 미역국으로
시원하게 속 푸는 봄 잔치 한 번 해 보실래요?

못자리 농촌 교회

전남 여수를 다녀오는 길에
월등 남부 교회에 들렀습니다
우리 교회에서 1995년 5월부터 선교비를 보내면서도
한 번도 가 보지 못했던 교회입니다

예배당도 아담하고 예쁘게 새로 지었다던데
지나는 길목에 아니 들리면
우리 하나님도 서운해하실 것 같아 찾아가기로 했습니다

들리겠노라고 미리 말해 놓으면 또 다른 부담이 될까 싶어
아무 말 하지 않고 찾아갔습니다.
물어물어 찾아간 망용리 동네 입구에
교회는 정말 아담하고 예쁘게 서 있었습니다

열려 있는 예배당 문을 열고 살며시 들어가니
어머니 품속같이 따스하게 느껴지는 성령의 훈기
아 포근하여라. 고향 교회가 바로 이런 곳이겠지

잠시 앉아 묵상기도를 드리는데
강대상 아래 오른쪽 한켠에서 들려오는
간절한 중보의 기도 소리. 때는 오후 4시
저리도 간절히 기도하는 자 있으니, 그래, 생명 있는 교회라

인기척에 기도를 멈추고 일어서시는 분은 다름 아닌 전도사님
너무 반가워 놀라워하는 그 모습 이리도 정겨우랴

그렇습니다, 하나님
아무도 보지 않는 주의 제단에 홀로 꿇어
저리도 기도하며 키워 놓은 성도를
도시로 서울로 다 보내 놓고
오늘도 빈자리 끌어안고 기도하시는 저분들이 있기에
지금의 도시 교회가 있음을 압니다

정녕 돕는 자는 도시 교회가 아니라
못자리 농촌 교회입니다

동네 청소

신당 2동 동사무소에서 가끔씩 동네 청소를 합니다.
교회띠를 두르고 나가노라면 너나없이 좋아합니다.

우리 동네 깨끗이 하는 날이라
동민들은 모여 주세요
동장님 간청
어디엔가 쓰임 받는다는 건 나를 찾는 행복
어깨에 띠 두르고 빗자루 드니 상쾌한 아침

나이 든 집사님들 육순 넘어 칠순이고
권사님은 무릎 관절 시리단데 그래도 청춘
제직학교 마치고는 집 갈 생각 아니 하고
출근 복장 집사님도 넥타이에 쓰레기봉투

나눔의교회 총동원 주일인가
복지로길 쓸어 가니 사라지는 묵은 때
출근길 행인들 가벼운 인사 고마움이 배어나고
함께 청소하던 아주머니 허리 펴며 하는 말
동네 위해 수고하는 그대들이 진짜 예수쟁이요

쓰레기 손에 쥐니 그 손 보고야 아버지께 영광
저희로 너희 착한 행실을 보고
하늘에 계신 너희 아버지께 영광을 돌리게 하라

어디엔가 쓰임 받았다는 건 나를 찾은 행복
어깨에 띠 내리고 빗자루 거두니 싱그런 하루
교인들은 다음에 또 모이시오
하나님 명령!

동장님, 우리 동장님

우리 동네 동장님은 장로 동장님
역대 동장 몇 대 만에 믿는 분이 오셨지요
바지런하고 열심 있고 믿음까지 좋습니다

어려운 이웃을 교회가 앞장서서 돕자 하시며
동네 행사가 있을 때마다 교회 자랑 바쁘십니다
목사님 만날 때면 동네 위한 기도 부탁 잊지 않지요

구청에서 업무용 새 트럭 한 대를 보내왔을 때
주변에선 당연히 무사고 기원 고사를 지내자 했지요
지금까지 그렇게 해 왔으니까요
저녁 햇살 기우는 동사무소 한켠에 서 있는 트럭 앞엔
떡이 차려져 있고 흰 종이가 덮였습니다

동네 유지들이 모인 자리에 동장님이 나서서
'동민 여러분, 양해해 주십시오
예배부터 드리겠습니다'
목사님 나오셔서,
여호와께서 성을 세우지 아니하시면
세우는 자의 수고가 헛되다는 성경을 읽고
신당 2동을 지키실 분은 하나님이라 하였습니다

자동차에 손을 얹고 축복 기도를 드리고는
장로 동장님 계시는 동안 평안을 간구했습니다

기도 끝난 후 함께 모인 자들이 박수를 쳤습니다
석양빛 내리시는 하나님도
이 모습 보시고 빙그레 웃으셨겠지요

회사 예배

한 달에 한 번씩 직장(아이텍)에서 드리는 예배 실황중계입니다.

교회가 아니고 회사입니다
신앙이 아닌 직장 때문에 모였습니다
직원 중에는 하나님 안 믿는 무신론자도 많지요
그런데 한 달에 한 번 드리는 직장 예배는
60명 직원 모두가 저리도 정성입니다

토요일 아침 8시 30분에 회사 예배를 드립니다
예배 당일에는 지각, 결근, 업체 방문 및 출장자가
없도록 합니다
전원 예배 참석합니다
사장님 해외 출장도 7년 동안 예배드리는 날에
나가 본 적이 없습니다
늦어도 8시 20분까지 출근해서 예배 시작 5분 전까지
모두 예배 장소에 앉습니다

핸드폰은 이미 꺼 놓고,
예배드리는 2층 사무실엔
이메일과 스피커, 그리고 전화벨 소리도 죽여 놓습니다
물론 예배 전후에는 당연 금연입니다
회사의 기도 제목을 일일이 적은 기도서와

감사와 간구를 담은 정성 어린 헌금 봉투를 강단에 올립니다
남자는 가능한 상의와 넥타이를 착용한 양복 정장에
여자는 가능한 치마 정장으로 단정하게 입습니다

오늘도 저는 그들 앞에서 설교를 했습니다
20분 설교에 졸거나 한눈파는 사람이 거의 없습니다
하나님을 아니 믿는 직원도 찬양은 열심히 불러 댑니다
목구멍이 포도청이라
어쩔 수 없이 드리는 예배가 아니었습니다
준비한 마음에 이슬 같은 하늘의 은혜를 내리십니다
그곳에 성령님이 함께 계셨습니다

회사에서 드리는 직원들의 예배를 보면서
교회에서 드리는 우리의 예배를 생각해 보았습니다

부활절 계란

어제 토요일 아침 우리 집 전화에 불났습니다. 왜냐고요?
그 사연을 들어 보세요.
우리 교회에서 해마다 (그래 봐야 2년이지만) 보성여중고 학생들에게
학원 선교 차원에서 부활절 계란을 보내거든요. 금요일 낮부터
식당에 모여 권사님들은 물 끓여 계란을 삶고(안 깨지게 삶는 것이
실력이라고요), 집사님들은 열심히 스티커 잘라 계란을 싸고, 다시
뜨거운 물에 살짝 데치면 형형색색 아름다운 자태로 다시 태어나지요.
그 예쁜 계란 위에 손 얹고 '보성의 딸들에게 예수님 부활이 드러나게
하소서' 간절히 기도한 후, 여중고 학생 전원에게 1800개의 계란을
보냈습니다. 그 일이 고맙다며 여중 여교장님은 분에 넘치는 인사를,
교목실장 최 목사님은 나눔의교회가 최고(아마 그랬을 것)라고 감사를,
여고 교장님은 교인과 장로님들께 고마운 안부를 전해 달라고 줄전화가
왔다는 것 아닙니까. 아무쪼록 이 작은 섬김으로 보성의 딸들에게
우리 주님의 부활이 더 영롱하게 살아났으면 하는 바람 가득합니다.

희기도 하고 크기도 해라
1800개 왕란(王卵)이 다시 태어난다

죽어야 다시 사는 법인걸
뜨거운 물에 완전히 죽어야만
그제야 생명의 옷 갈아입는걸

온전히 죽지 않고는 부활이 아니라지
한 번 죽어 핏빛 사랑 말할 수 있다면
두 번 죽어 주님 사심 증거하는 것이라면
매일을 죽더라도 나에겐 행복이지

형형색색 그 자태도 아름다워라
처음 입는 옷으로 갈아입고서야
죽어서도 사는 법을 말하고 있네

성전 건축

주님의 음성

성전 건축은 가슴 떨리는 일입니다.
두려워서 떨리고, 너무 좋아 떨립니다.
그러하기에 주님의 음성을 듣고 시작해야 합니다.
주님이 그 일에 대해 말씀하셨습니다. 사랑한다고 하시면서…

사랑하는 나의 아들아 나의 종아
내가 나눔의교회를 사랑한다
성전 건축을 통해 내가 영광 받기를 원한다
나의 집을 너희가 아닌 내가 지었다는 것을
보여 주는 것이 나의 영광이란다

나눔의교회엔 기적이 필요하다
내가 기적을 보여 주겠다
물이 포도주 된 기적을 알지 않느냐
먼저 항아리에 아구까지 물을 가득 채우라
그 물을 떠서 가져갈 때 포도주가 되었다
물이 채워져야만 나의 기적이 시작된다

아구까지 채워야 할 물은 기도의 눈물이다
나눔의교회엔 기도가 부족하단다
돈 만들려고 하지 말고 기도의 양을 채우라

사단은 빼곡히 둘러앉아 성전 건축을 방해하고 있다
그 이유는 성전 건축 후의 너무나도 큰 축복 때문이다
보혈의 찬송을 많이 불러라
이를 이길 수 있는 것은 기도와 금식이다

나눔의교회에 옥합을 깨뜨려 드릴 사람들이 있다
성전 건축 후에 한없는 축복을 받을 사람들이 있다
네가 잘 살펴보아라 잘 살펴보아라

나눔의교회를 크게 들어 쓰겠다
나는 너의 육신의 아버지와는 다르다
나는 너의 모든 것을 다 해 줄 수 있다

네가 나보다 앞서 가지 말아라
성도들을 강하게 세워라
피 흘리는 제사를 내가 흠향한다

내가 나눔의교회를 사랑한다
사랑하는 나의 아들아, 나의 종아

릴레이 기도

성전 건축은 기도로 일구어 갑니다.
한마음 됨도, 재정 공급도, 사단을 막는 일도 모두 기도입니다.
성전 건축을 준비하는 동안, 기도가 없는 몇 초의 공백도 안 생기도록
세이레 동안 24시간 당차게 릴레이 기도를 하자고 했습니다.
하나님의 눈과 마음이 항상 성전에 있어, 우리도 24시간 떠나지 않기로 했습니다.
다음 사람이 안 오면 성전을 못 떠납니다.
성전에서 기도가 끊어지면 안 됩니다.

비어 있을 성전의 시간에 기도꾼들로 가득
성전 오른쪽 방엔 김 집사님 목메어 부르짖고
성전 왼쪽 방엔 곽 집사님이 하늘문 두드린다
성전 앞자리에는 서 집사님이 중보의 탑을 쌓고
강단에 엎드린 목사의 가슴엔 감격이 젖어 든다

엄마 기도하는 동안 두 아이 기특하게 잠들고
빈 기도 시간 딸아이 불러내 기도 줄 이어 가네

성전 건축은 돈이 아니라 기도로 짓는다 했지
기도하면 전능하신 하나님이 들어주신다 했지

온 교인이 함께 기도하면 이리도 든든한걸
온 교인이 서로 중보하면 이리도 잘되는걸

우리 교회 성전 강대상 뒷편에
1년 365일 걸려 있는 말씀이 있습니다.
그 말씀 그대로 하나님의 눈길과 마음이
언제나 이곳 성전에 머물러 있다는 것을 잊지 않기 위해서입니다.

여호와께서
그에게 이르시되
네 기도와
네가 내 앞에서 간구한 바를
내가 들었는즉
나는
네가 건축한 이 성전을
거룩하게 구별하여
내 이름을 영원히 그곳에 두며
내 눈길과 내 마음이
항상 거기에 있으리니
_ 열왕기상 9장 3절

성전 터

상가에 있는 전세 교회. 새 주인은 우리 보고 월세 천만 원씩 내란다.
나가라는 말인가? 교인들이 흩어지면 어쩌나?
서울 시내 한복판인 중구인데 어디서 땅을 구하나?
그런데, 하나님은 기가 막힌 땅을 주셨다. 놀라 자빠질 일이다.
적어도 우리 교인들에게는 그랬다.

생각하고 또 생각해도
바라보고 또 바라보아도
하나님의 사랑이 어찌도 그리 주밀하신지
하나님! 이 땅이 정녕 우리의 성전 터 맞습니까?

셋방살이 11년
혹 건물주 마음이 바뀌면 어쩌나
아니 딴 주인이 나서면 어쩌나
어디 가서 예배 처소를 찾아야 한단 말인가
찬송도 조용, 차 대기도 조심

멀지 않은 곳에 성전 터가 있었으면 좋겠네
예배당 들어설 만한 아담한 땅이면 좋겠네
참으로 소박한 기도
서울 시내 어디라도 돈보다는 땅이라던데
그리도 어려운 땅이라던데…

조이는 가슴 안타까운 심정
어렵사리 흥정한 땅은 팔 듯 말 듯
교회가 산다 하면 값 올릴까 노심초사
그러다 다른 곳에 팔리면 무너지는 기대감
지나 보니 하나님 뜻이련만 그 순간은 007첩보전

1년에 걸쳐 세 필지의 땅을 받아 놓고 보니
하나님!
정녕 이 땅이 우리의 성전 터 맞습니까?

성전은 내 집이다

성전 짓게 돈 좀 달라고 하나님께 떼썼더니
'네 집 짓냐? 내 집 짓지!'
그러니 내 집 짓도록 네 것 내놓으라십니다.

나눔의교회 성전 터를 보노라니
어찌 이리도 하나님 섭리 오묘한가
보고 또 보아도 밟고 또 밟아도
감사와 감격이 가시질 않네

모리아 산이 오르난의 타작 마당 되었어도
하나님의 성전 터 예정함은 변함이 없듯
나눔의 성전 터 태초부터 작정되었네

이제는 그 위에 설 성전 위해 기도하노니
하나님, 아름다운 성전 짓게 해 주세요
우리 형편 아시잖아요, 우리 힘으론 벅차요
재정도 넉넉지 않잖아요. 하나님 도와주세요
뭇 영혼 드나들 아버지 집 잘 짓도록

오랜 날 간곡히 기도하니 하나님 웃으시며
도와 달라고 말할 자는 네가 아니라 내니라
네 집도 아닌 하나님 아버지 집 짓는다면서

마치 자기 집 짓는 것처럼 도와 달라 하는구나
말만 아버지 집이지 자기 집 짓는가 보다
분명히 해 두자 그 집은 내 집 짓는 것이다

내 집 내가 지어야 하니 네가 좀 도와 다오
네게 있는 건축 재료 좀 내놓을 수 없겠니
그래, 모아 놓은 것 없어서 못 드려도 괜찮다
마음은 내놓을 수 있겠지? 남는 힘도 있잖니?

너를 고생시키고 싶어서 그러는 것 아니다
내가 없어서 그러는 건 더더욱 아니다

네가 나의 집 짓는 일에 하나로 마음 묶고
모리아 산의 외아들 드리는 번제물이 되면
오르난 타작 마당에 드려진 희생 제물이 되면
그때, 내 집 내가 다 지어 놓고 너로 인해
성전이 지어졌노라고 말하고파 그런 거란다

성전 기공식

20040229

겨우내 움츠리며
가슴 졸인 언덕 넘어
첫 삽 뜨러 가는 길

꽃샘추위 동장군도
하늘 역사 훈풍 앞에
미소 짙은 꼬리를 내리고

목마름은 사연되어
하늘에 닿으니
구름도 무지개 되어
언약으로 안겨 온다

어른 아이 달려가
함께 어우러져 멎어선 자리는
영원을 이어 갈 믿음의 산실
아, 너나없이 이리도 좋을 수가

하나님 기적이
시작되었다고 테이프 끊고
모래 한 삽 떠서

일하시는 하나님께 감사하니
성전 대지엔 봄바람이 가득

온 천지가 덩실덩실 춤을 춘다

드디어 첫 삽을

꿈같은 일이 일어났습니다.
아니 엄밀히 말해 꿈이 아니라
하나님이 하시는 생생한 일들을 지금 우리는 보고 있습니다.
2004년 2월 안에 성전 건축의 첫 삽을 뜨게 해 달라는 기도가
드디어 이루어졌습니다.
기적처럼 말입니다.

대지 마련에서부터 오늘 첫 삽을 뜨기까지의 과정은
그야말로 하나님의 철저한 섭리요, 기도의 응답입니다.
어쩌면 이리도 줄로 잰 듯 우리 나눔의교회를 사랑하시나
하는 생각에 미치자 두려운 마음마저 들었습니다.

특별히 하나님께서 보내 주신
(주)새고을 대표이신 현 집사님은
생각하지도 못할 좋은 조건으로 시공 계약을 해 주셨습니다.
어쩌나 고마운 마음이 들던지…
벌써 성전을 다 지은 마음입니다.
우리 교회를 향한 그 소중한 마음을 전해 들은 나눔의 교인
모두가 '할렐루야, 아멘' 이었습니다.
기도가 저절로 된답니다,
현 집사님 하시는 사업 형통케 해 달라는.

또 그 일이 이루어지기까지는
건축위원장 박 장로님의
주님만 아시는 교회 사랑이 있습니다.
007첩보전 같은 성전 부지 매입 때의 마음 졸임을 아십니까?
묵묵히 그리고 지혜롭게 그 모든 일들을 감당해 오셨습니다.
어쩌면 (주)새고을이 나눔의교회와 연결된 것도
첫째는 하나님의 은혜지만
둘째는 박 장로님이 현 집사님 어려울 때 도운 일
때문일지도 모릅니다.

이번 일을 보면서
하나님은 사람을 통해 일하신다는 생각이
다시 절실하게 들었습니다.
그 외에도 숨어서 일하시는 분들의 그 교회 사랑 덕에
여기까지 왔습니다.

이제 나눔의교회 성전 건축은 시작되었습니다.
넘어야 할 산들은 아직도 많습니다.
그 일을 이룰 역사는 오직 기도뿐입니다.
기도 많이 해 주십시오.

원자재 품귀 현상을 잘 극복해야 하고,
좋은 날씨 주서서 공사 일정에 차질 없어야 하고,
재정의 부족함도 채워 주서야 하고,
단 한 건의 안전사고나, 교회 건축에 시험 드는 일도
없어야 합니다.
민원도 생기지 말아야 하고,
무엇보다 성전 건축을 통해
모든 교인들이 축복을 누려야 합니다.
시공하는 (주)새고을과 현장에서 일하시는 분들과
건축위원장과 위원들을 위해 기도해 주십시오.

특별히 담임 목사인 저를 위해서는
성전 지은 이후에 나눔의교회가 제대로 서 가야 할 일을
준비하도록 기도해 주십시오.

새 부대엔 새 술을 담아야 합니다.
건강한 교회로 거듭나기 위한 연구와 묵상을
최우선순위로 삼을 것입니다.
성전 건축은 다른 사람이 대신 할 수 있어도
성전 건축 이후에 교회의 비전을 세워 가는 일은
담임 목사의 몫이기 때문입니다.

지난 주일 성전 건축 진행에 대한 광고를 듣고 기뻐하는
성도님들의 모습을 보았습니다.
그것은 하나님 마음이기도 합니다,
우리 교회를 그토록 사랑하시는.

이제 남은 것은
여전히 변함없는 우리의 기도와 헌신뿐입니다.
어느덧 봄기운이 완연합니다.

성전 건축

매일 보아도 또 보고 싶은 것이,
보고 있는데도 또 보고싶은 것이,
성전 건축이었습니다.

보고 있어도 또 보고 싶다
오늘은 또 어떻게 자랐을까 보아
어디에 있든지 그대 향한 마음뿐

하루가 다르게 변하는 그대는
칠보단장 아니 하여도
고운 자태 없이 거칠어도
내 마음을 온통 빼앗는 그리운 연인

아침에 눈 뜨면 달려가 보고프고
저녁에 눈 감으면 그리운 그대 생각
그대를 흠모함은 나뿐이 아니라
하오 5시엔 온 교인들의 연모함

하늘에서 내리는 빗줄기도
하얗게 쏟아 붓는 태양 빛도
가로등 사이 휘영청 밝은 달빛도

이 세상 존재하는 모든 것은
오직 그대만을 위한 몸짓이어라

알토란 같은 쌈짓돈을 드려도
릴레이 기도를 올리고 또 올려도
여전히 부족하여 더 드리고 싶음은
그대 안에 채워질 영혼들의 함성 때문

보고 있어도 또 보고픈 진짜 이유는
만민의 기도하는 집을 손수 지으시고는
오히려 너희가 이 성전을 지었노라고
그 빌미로 축복하시는
내 아버지의 사랑 때문

함께 지어 가는 성전

성전을 짓고 보니 어느 한 사람 성전 건축에
참여하지 않은 사람이 없었습니다.

성전 짓는 일에 동참하고파
어떤 이는 기도로
어떤 이는 헌금으로

결혼, 돌 반지에, 금목걸이
근속 기념 금상패까지

뙤약볕 아래
땀 흘리는 일꾼 섬기느라
매일 냉커피에 음료수
성전 돌보느라 생업도 접고

집문서, 마이너스 통장에
자녀 결혼 예치금마저도
주님이 쓰신다기에…

땅 파서 돈 버는 것도 아니건만
목사님 헌금 광고하지 않으시게
일단은 성전부터 지어 놓겠다며
브살렐, 오홀리압까지 묶어 놓으니

지어 가는 성전 보고 좋아하는 이
큰 교회 짓는다고 자랑하는 이
이런 은혜 어딨냐고 감격하는 이
이번 돈만 잘 벌면… 벼르고 있는 이
드릴 재물 없어 안타까워하는 이마저도

누구나 성전 짓기에 제 몫을 하고 있습니다
어느 한 사람도 성전을 안 짓는 이가 없습니다

막판까지 믿음을

건축 허가는 안 나오고, 살던 곳은 비워 주어야 하고,
하나님은 침묵하시고, 시간은 초읽기까지 몰렸다.

2004년도 한 달이 지났다
예배당으로 쓰던 건물은 팔려
2004년 6월까지 비워 주어야 한다
앞쪽 땅은 아직도 잔금이 남아 있다
설계를 하던 중 두 번이나 변경했다
한 번은 뒤쪽 땅을 추가하느라고
또 한 번은 건축법이 바뀌는 바람에

2월 초 현재 건축 허가도 못 받았다
건물 비워야 할 시간은 다가오는데
213평 대지는 눈에 덮여 있고
성전 건축 진행은 잡히는 게 없다
하나님은,
기적을 준비해 놓았으니
항아리 아구까지 기도의 눈물만 채우라신다

그러더니
그 2월에 건축 허가, 착공 허가에
하나님 기적을 보이실 시공사까지 예비하였으니

2월 29일에 성전 기공 예배를 드리고
다음 날인 3월 1일부터 공사를 시작하였다

4개월 만인 지난 6월 27일 주일 밤
지하 2층에 지상 4층의 옥상을 덮는
이른바 상량이 끝나는 날
우리는 감격하며
새 성전 본당 바닥에서 감사 예배를 드렸다

그리고 울었다
하나님 은혜가 너무나 커서
헌신하는 분들이 참으로 존귀해서

특별히,
성전 진행이 묶인 듯 막막할 그때도
왜 이리 더디냐고 하기 쉬운
그 말 한마디 안 하고
속 깊게 따라 준 성도님들이 고맙고 고마웠다

이제야 알겠습니다

학고스, 우리아, 므레못은
할아버지, 아버지, 아들입니다.
느헤미야 3장에 나오는 예루살렘 성벽을
지은 사람들 중 한 가족의 이름입니다.

실제로는 아들만 성벽을 지었는데
할아버지, 아버지 이름까지 나옵니다.

우리 교회 어느 가정이
홈쇼핑에 나오는 신발 광고를 보다가
딸이 그 신발을 갖고 싶어한다는 것을
엄마가 알았습니다.

엄마가 사 주겠다고 했더니
딸은 우리 교회 성전 건축이 끝난 다음에
사 달라고 하였답니다.

딸의 이유를 듣진 않았지만
엄마는 속 깊은 그 맘이 고마웠습니다.

그래요, 성전 헌금은 부모가 하였는데
고생은 자식도 함께해야 합니다.

성경에 삼대의 이름까지
함께 써 놓은 이유를 이제야 알겠습니다.

성전 입당 그 이후

새 포도주는 새 부대에 넣어야 한다
새 부대엔 새 포도주가 제격이다

형식뿐인 신앙
능력 없는 믿음
변하지 않는 아집
때우는 예배
피리를 불어도 춤추지 않고
애곡하여도 가슴을 치지 않는 완고함
젖병과 기저귀까지 모두 던져 버리자

찬양 한 곡에도 감격이 묻어나고
기도 한마디에 능력이 살아나고
말씀 한 구절에 영혼이 살아나는
온 맘 다해 드리는 예배를 올리자

은혜의 집 베데스다 연못인
새 성전에 드나드는 모든 자마다
영육이 회복되어 환희가 넘치고
주님 위해 쓰임받기 원하는 자들의
자원하는 심령들로 가득하게 하자

새 부대엔 새 포도주가 제격이다
새 성전엔 새 영이 가득해야 한다
그로 인해 성전은 오늘도 지어져 간다

하나님의 성전이기에

우리 교회 성전을 지은 건설 회사 사장님은 계약금만 받고는
6개월 안에 6층 성전을 지을 터이니 목사님은 돈 걱정 말라고 했다.
건축비는 20년으로 나누어 이자도 안 받고 원금 상환만 하라고 했다.
실제로 그랬다. 바보 아닌가? 다음은 그분의 말이다.

목사님, 성전 건축하는 동안
건축헌금 광고하지 마세요
그 걱정은 제가 맡을 테니
목사님은 목회만 열심히 하세요

성도님들의 금쪽 같은 헌금이
이자로 빠져나가면 안 됩니다
제 돈 갚는 일 때문에 빚지려 하지 마시고
한 푼이라도 아껴서 쓰십시다요

성전 건축 지체되면
목사님도 교인들도 힘 빠집니다
첫 삽 뜨는 즉시 총력 투입하여
일단 지어 놓고 보겠습니다

나눔의교회 짓는 것은
이미 건축업자의 돈 계산을 떠났습니다

열 손가락 두 번 꼽아 하나에 억이라 외칠 건축비를
언제 갚을지도 모른 채
이자도 안 되는 돈을 원금이라며 받겠습니까

하나님의 성전을 짓고 그곳에서 부흥이 일어나면
그것이 제 보람 아니겠습니까
새 성전에서 나눔의교회가 잘되어
그때 형편 닿는 대로 건축비를 갚으십시오

성전 건축하는 목사에게
이보다 더 행복한 말이 어디 있을까

나눔의교회를 짓고 있는
현 집사님은 그 말씀하신 대로
꼭 그렇게 지금 성전을 지어 가고 있습니다

그렇게 하는 이유가 있습니다
하나님의 성전이기 때문이랍니다

모든 것이 정말 하나님의 은혜입니다

산다는 건

산다는 건

눈 뜬 새벽 드리는 첫 언어
주님, 사랑해요
무거운 하루 깃털 되어 날으고

눈 감는 밤 드리는 마지막 입술
주님, 감사해요
나른한 하루 평온으로 잠든다

입술의 언어에도 처음과 끝이 있어
고르고 고른 보석 같은 사랑의 고백을
가장 소중한 내 주님께 드리고픈 환희의 하루

산다는 건 주님과의 은밀한 대화

좋은 말

'고맙습니다' 말하는 동안은
마음 가득 행복이 고이고

'사랑합니다' 고백하는 동안은
얼굴 가득 미소가 되살고

'감사합니다' 외치는 동안은
영혼 가득 생기가 넘치네

말로써 말 많은 세상에
해야 할 말 말아야 할 말을
분별하는 지혜가 있어야 해

그러잖아도 힘든 세상
좋은 말을 하는 동안
무너진 내 영혼이 살아나는걸

내가 하는 한마디 말도
아니 잊으시고 그 말한 대로
찾아오시는 말씀 되신 주님

겨울나무

벌거벗고 서 있어도 부끄럽지 않다
걸친 것 하나 없어도 쓸쓸하지 않다

때맞추어 싹 틔우고
제 살 찢어 꽃봉오리
신록 짙은 큰 그늘에
몸 불살라 단풍으로

숨 막히게 고운 빛 모두 다 털어 내고
마지막 가는 길 이렇다며 서 있는 당당함

돌아본 한 해는
새싹 같은 소망도
그리스도의 꽃향내도
그대 향한 넉넉한 쉼터도
남김없이 내놓은 나눔도 없었다

하여, 너의 벌거벗음에 내가 부끄럽고
오히려 움켜쥔 군상들의 초상이 쓸쓸하다
앙상한 가지뿐이어도 처량하지 않음은
할 몫 다 하고 진액 쏟은 나눔의 아름다움

모든 걸 다 놓고도 제자리에 서서
또다시 봄의 부활을 꿈꾸고 있는 너
아낌없이 제 몸 주신 성탄은 다가오는데…

폭설

하늘이 뚫렸다
덮고 싶은 것이 그리도 많은가

해가 볼까 차라리 두려워
어둔 하늘에 흰 눈이 내린다

기도 않는 불신앙 염려
능력 나간 경건의 모양
역사 없는 허탈한 믿음
미움 가득 거짓된 사랑
은혜 빠진 가증한 내 義

예수 보혈의 새 옷 입었건만
어찌 그리도 옛사람이런가

닳고 닳은 죄의 습관까지
모두 덮어라
모두 덮어라

하나님 긍휼의 눈물
사랑의 흰 눈 되어 까맣게 내린다
하얀 이불 되어 푸근히 감싼다

이젠 봄인가 했더니
떠나기 아쉬운 겨울의 사랑

인공신장실에서

몸의 신장(콩팥)이 제 기능을 못 하는 사람은 피에 흐르는 독소를
스스로 제거하지 못합니다. 그래서 온몸의 피를 빼내어 나쁜 것을
걸러 내고는 다시 몸 안에 투석합니다. 이틀에 한 번씩 그렇게 하지
않으면 독이 쌓여 살아갈 수 없답니다. 한 번 투석받는 비용은
3만 원가량인데, 그일을 무료로 해주는 '사랑의인공신장실'이 있습니다.
병실 세 개에 모두 110개의 시트가 있습니다. 400여 명의 환자들이
오전 오후로 나뉘어 격일로 투석받고 있습니다. 피를 한 번 걸러 내는
시간이 네 시간 걸립니다. 침대에 꼼짝없이 누워 네 시간 동안
투석해야 합니다. 그것도 격일로 말이죠. 지난주 화요일 그곳에 설교하러
갔습니다. 침대에 누워 하늘을 보며 설교를 듣고 예배드리는 그들을
보면서 많은 생각을 했습니다.

하늘 보고 누웠습니다
한 치도 틀림없이
내 생명은 당신의 것이죠

생명된 피 모두 빼냈습니다
나는 이미 죽은 자
살아 있다는 것이 당신의 은혜입니다
몸속에 흐르는 죄의 피
갈수록 쌓이는 독

이틀에 한 번씩 당신께
죄를 사함 받지 않고는 살 수가 없네요

하얗게 받쳐 주는 시트는
내 죄를 감싸는 당신의 세마포

내 피를 깨끗케 하려고
대신 피 흘리신 당신의 사랑 앞에
하릴없이 살아서는 안 될 나날들
매일처럼 드릴 말은 감사입니다

돌아가셨다

사람이 죽으면 돌아가셨다 한다
죽어서가 아니라
돌아갔기 때문에 돌아가셨다 한다
그래서 죽음은 돌아가는 것이다

'너는 흙이니 흙으로 돌아갈 것이니라'
죽으면 육은 흙으로 돌아가고
영혼은 그것을 주신 하나님께 돌아간다(전 12:7)

돌아간다는 것은 온 곳이 있다는 말이다
타향에 가는 것은 갔다 하고
본향으로 갔을 때는 돌아갔다 한다

그러기에
죽어도 돌아가지 못하는 자들이 있다
그들은 돌아가신 것이 아니라 그냥 갔을 뿐이다

'나로 말미암지 않고는 아버지께로 올 자가 없느니라'
그래서이다

본향을 그리며

미국 공항에 내리면 두 종류의 사람으로 나뉩니다
시계를 현지시간으로 바꾸고는 고국의 시간을 계산하는 사람과
고국의 시간을 그대로 두고는 현지의 시간을 계산하는 사람

저는 시계를 고국에 맞추어 놓았습니다
'지금 새벽 기도 하겠구나. 주일 예배 시간인데…'
그렇다고 현지의 삶에 불충했던 것은 아니나
늘 생각은 내가 다시 돌아갈 곳에 머물렀습니다
교회의 일과 교인들이 잠시도 잊혀지지 않았습니다

돌아갈 곳이 있는 사람은 행복한 사람입니다
기다리는 사람이 있다는 것은 삶의 위로입니다
미국이 좋다고는 하나 이방인에게는 여전히 낯설고 불편합니다
그러나 내가 갈 곳이 있으니 낯선 땅의 불편은 훈련일 뿐입니다

내가 갈 본향 하늘나라를 생각해 보았습니다
이 땅에 사는 한, 나그네와 이방인일 뿐
미국에서 고국을 그리워하듯 이곳에서 하늘나라를 그려 봅니다

설날 기원

설은
시작하는 새해가 낯설어서 설이고
설은
나이 먹는 한 해가 서러워서 설이고
설은
조심스레 사리며 살아야 해서 설이랍니다

그런데 지금의 설은
고향 길 고생길이라 고속도로 막혀
종일 설설 기어가서 설이고

산소 오르는 길은 눈 길에 빙판 길
설설 기어 올라가서 설이고

아낙네 제사상 차림에 쉴 새도 없이
허리 휘어 설설 기어 다녀서 설이랍니다

그러나
우리의 설은
하나님이 주신 새해에 대한 설레임이게 하소서

(신정 이후 다시 구정에 새해 인사하게 하시는 하나님 사랑을 아세요?)

태풍 앞에서

태풍 '사오마이'가 한반도 남쪽에 물난리를 몰고 왔다
내일은 중부 지역으로 올라온단다
수확기에 접어든 농작물의 대규모 피해도 염려되지만
목사에겐 태풍으로 인한 또 다른 염려가 있다

지난주일 예배엔 추석 명절 보내느라 못 나오고
저 지난 주일엔 미리 성묘한다고 예배 못 드리고
내일 주일엔 태풍이 불어 교회 오기 어려우면
8월 휴가철 지난 9월의 예배는 이래저래
하나님 보시기에 너무 쓸쓸하지 않은가

하오니 하나님,
사오마이 태풍의 고삐를 이끄사 한반도를 빠져나가
농부의 근심 어린 주름살도 펴 주시고
내일 주일에도 예배하는 일에 지장 없게 해 주소서

그리고 비바람이 불고 눈보라가 쳐도
거룩한 안식일 주님 앞에 예배하는 발걸음은
어떤 상황이 되어도 변치 않게 하옵소서

순진하게 드리는 소박한 기도

비 와서 좋은 날

햇빛이 좋다고 햇빛만 기다리면 세상은 사막이 됩니다.

90년 만의 최고의 가뭄
하늘엔 불이 났고 온 땅은 탔다
척박한 이북 땅은 왕 가뭄이란다
농부의 한숨은 하늘에 녹았고
선민들의 기도는 땅속으로 꺼졌다
한줄기의 빗방울이 이리도 그립다

주일 예배 마치고 잠들던 한밤중
후두둑 빗소리에 깊은 잠 깨어 보니
천지도 깨어나 소리 없는 환호성
엘리야의 기도는 작은 구름 되었고
농부들의 한숨은 빗물 되어 내린다

구름 낀 날보다 청명한 날 좋다 하고
인생길 흐린 날 짜증스럽다지만
비 오는 날 없으면 인생길 사막이라
구름 낀 날 감사하며 누려야 할 이유는
90년 가뭄 끝에 깨달은 소중한 교훈

바람 불어 좋은 날
비 와서 고마운 날
구름 끼어 행복한 날

그래서
매일매일은 좋은 날이어라

밤이 없다

구부러진 허리세워 오늘도 새벽기도 오시는
권사님을 보며 소망을 찾습니다.

밤이 없다
거리는 네온 빛에 불야성
2차에 3차까지 무지갯빛 뜬다
심야 영화에 24시 편의점
몽유병자처럼 택시는 밤새 달리고
아이들은 인터넷으로 하얀 밤을 달군다

잠이 없다
내일 걱정 무거운 짐 빼앗길세라
선 눈으로 끌어안고 동침하면
켜 놓은 TV 명화는 꿈속에서 만난다
이웃집 부부 싸움 언성은 높아 가고
속상하고 분한 마음 뒤척이면 여명
아침엔 두통에, 잠 깨우기 소동이다

새벽이 없다
산허리 감아 도는 이른 공기의 상큼함도
밤새 배불린 영롱한 이슬의 미소도 모른 채
만물은 기지개 켜며 살아나는데

이제부터 잠든다

사람들은 밤을 내몰았다
내쫓긴 어둠이 숨어든 곳은
사람의 마음속이다

날이 갈수록
어둠을 받아 든 사람들은 악해만 간다

둥지를 트는 새는
석양이 지면 제 집을 찾고
구부러진 허리 이끌고 기도 나서는 권사님은
오늘도 새벽을 지킨다

새벽이 살아야 사람이 산다
새벽이 살아야 영혼도 산다

지퍼를 달았어요

예전에 섬기던 교회의 장로님이 병원에 입원하셨습니다
뵙고 싶은 마음에 문병 갔더니 반갑게 그리도 반기셨습니다
심장 수술은 잘되었답니다
콜레스테롤이 많아 심장으로 가는 혈관이 막혀
왼손의 동맥을 잘라 내어
막힌 혈관 옆으로 우회로를 만들어 놓아
앞으로 15년은 잘 쓸 수 있다고 합니다

수술 자리는 금속성의 실로 꽁꽁 꿰매져 있었습니다
그 모습이 장로님 자신이 보기에도 흉했던지
이런 말을 했습니다
'예수 제대로 안 믿던 시절,
하나님의 인간 창조는 완전히 실패작이라고
호언장담했습니다
나 같으면 사람의 배에 지퍼를 달고
속이 안 좋을 때마다 지퍼 열고 고친 다음 다시 넣으면
얼마나 수월하겠느냐'고

그리고는 목사님 보시라며
환자복 앞 단추 가슴을 열어젖혔습니다
아, 그곳엔 목 바로 밑에서부터 배꼽 위까지
굵직한 일자로 지퍼를 만들어 놓은 것처럼

금속성 스테이플러가 선명하게 찍혀 있었습니다
장로님은 계면쩍게 웃으셨지만
지퍼의 형상은 지워지지 않았습니다

하나님께는
함부로 말해서는 안 되나 봅니다
장로님 고백입니다

내비게이션(길 안내)

친구 목사 차를 탔습니다.
재미있는 것을 보여 준다며 잘 보라 하였습니다.
앞 거치대에 놓여 있는 핸드폰에 목적지를 말하니
잠시 후 상세한 길 안내가 이어졌습니다.
'목적지까지는 얼마나 남았으며, 몇 미터 지점에서는
좌회전을 하고…'
음성으로 화면으로 가장 빠른 길을
정확하게 안내해 주었습니다.
구불한 길에서도, 좁은 길에서도 변함없이 친절하게.

더욱 신기한 것은 앞으로 남은 갈 길에 대한 안내였습니다.
어느 지점은 지금 시속 몇 킬로미터이며,
또 다른 길의 형편은 어떠한지를 말해 주었습니다.
덕분에 언제나 빠르고 정확하게 길을 간다고 했습니다.

알고 보니 요즘 한참 광고 중인
내비게이션(길 안내) 시스템이었습니다.
친구 목사는 모르는 길 심방엔 최고라며
그 효용성에 참 놀라워하고 있었습니다.

GPS(인공위성 위치 정보 시스템)는 약 21,000킬로미터 떨어진
우주 공간에 떠다니는 위성 장치입니다.

차에 장착된 그차만의 고유한센서를 그 먼 곳에서 인식하고는
오직 그 차 한 대만을 위해
친절하고 정확하게 그의 길을 안내해 줍니다.
앞으로 목적지까지 남은 길까지도.

지구 상에 그 많은 차 중에서도,
서울만 해도 등록 차량 250만 대가 넘는 차 중에서
유독 그 한 대만을 기억하고 있다는 사실이 놀랍습니다.

가끔씩 기도하다가 이런 생각이 안 드시던감요?
60억 인구 중에 하나님이 어찌 나 같은 한 사람을 기억하실까.
더구나 전세계에 예수믿는 그 많은 사람들이 드리는 기도 중에
내 기도를 아시기나 할까.

그런데 어쩌지요.
내비게이션을 보니 이제 그런 의심도 버리게 생겼으니 말이죠.
"여호와여 내 혀의 말을 알지 못하시는 것이 하나도 없으시니
이다"(시 139:4)

1월 금요 심야 기도회가 한결 진해졌습니다.

죽어도 발차기

건강 진단을 받았습니다.
콜레스테롤 수치가 높고, 비만 증세가 있답니다.
그대로 놔두면 심장에 부담이 생기고 성인병이 찾아온답니다.
의사의 처방은 음식량을 줄이고
운동을 하라는 것이었습니다.

마침 방학을 맞은 아들과 함께 새벽 기도 끝나고
수영으로 운동을 하기로 하였습니다.
초급반에 등록하여 이제 달포가 지났습니다.

초급반은 아이들이 수영하는 60cm 높이의 풀에 들어가서
물에 뜨는 보조판을 의지하고는
몇 주 동안 발차기만 합니다.
물에 엎드려서도 발차기,
풀장 가에 앉아서도 발차기,
쉴 때도 발차기
우이씨 언제까지야, 발차기만 하러 왔나,
잘못 왔나 하는 후회들

한 달이 가까워지자
드디어 자유형 팔 돌리기를 가르쳐 주었습니다.
'그러면 그렇지' 하고 쾌재를 불렀는데

물에 들어가 자유형 팔을 폼 나게 돌리고는
숨만 쉬려 하면 물을 먹거나 가라앉습니다.
왜 안 될까? 하라는 대로 한 것 같은데…

수영 선생이 지적해 주었습니다.
숨 쉬려고 그럴 때 얼굴 들어야 한다는 생각만 하면 안 된다고.
얼굴을 들고 숨을 쉬려고 할 때는
발차기를 더 열심히 해야 한다고.

숨을 쉬려면 물에 떠 있어야 하고
물에 떠 있으려면 발차기를 쉬지 않아야 한답니다.
물에서는 발차기가 안 되면
아무것도 할 수가 없다는 것을 알았습니다.
그래서 지금은 알아서 발차기 연습을 합니다.
쉴 때도 앉아 있을 때도.

수영의 기본기가 발차기이듯 신앙에도 기본기가 있습니다.
오른쪽 발은 기도이고 왼쪽 발은 성경입니다.
영적인 양쪽 발차기가 지속되지 않으면
세상이라는 물속에 빠져 죽고 맙니다.
수영 강사는 양쪽 발이 균형 있게 움직이지 않으면
당장 수정을 요구합니다.

오른발 왼발 함께 똑같이 움직여 주어야 전진합니다.
기도와 말씀도 마찬가지입니다.

신앙의 기본기인 말씀과 기도는
해도 되고 안 해도 되는 것이 아닙니다.
빠져 죽지 않으려면 죽어도 발차기를 해야 합니다.

소집 통지서

얼마 전 소집 통지서를 받았다
가스 차량을 운전하는 사람들은
가스 안전 교육을 받아야 한다는

안 받으면 300만 원 벌금이란다
어디서 무엇을 하는 자든 모이라는 지시에 따라
350여 명의 교육생들이 제시간에 나와
세 시간 꼬박 교육을 받았다

명절 때마다 고향을 오가는 차량이
고속도로를 가득 메우는 것을 보면서
어길 수 없는 무언의 소집 통지서 위력을 본다

매주 안식일마다 우리는 소집 통지서를 받는다
천지창조 이후에 처음부터 못 박아 놓은
'안식일을 기억하여 거룩히 지키라'는
가장 원초적인 소집 명령을

설 쇠러 고향 길을 오가는 우리에게
주님은 잊지 말라 말씀하신다
언젠가 '흙(본향)으로 돌아가라'는 통지가 있음을

(안식일 소집 명령 어기면 벌금 나오는 거 모르세요?)

또 우시는 예수님

노회의 일로 부산에 다녀왔습니다.
분쟁이 일어난 교회에 재판국의 일원으로 간 것입니다.
그 교회 수요 예배에 참석하여
교인들에게 그간의 과정을 이야기하고
노회에서 결정된 판결을 말하기 위함이었습니다.

교회에 들어가기 전 교회 밖에서 잠깐 기다리는데
예배당에서 흘러나오는 찬양의 소리가 참으로 힘찼습니다.
17년 된 교회의 건물이 너무도 아름다웠습니다.
저토록 교회가 세워지기까지
얼마나 많은 사람들의 눈물과 기도가 서려 있을까
하는 생각도 잠시뿐
만나는 교인들의 눈빛은 그게 아니었습니다.
온화한 모습은 간데없고 모두 경계하는 눈빛이었습니다.

예배 후 노회의 결정을 알리기 위해 강단 앞으로 나가려 하자 예배당은
순식간에 싸움판이 되었습니다.
조금 전까지 함께 찬양하며 말씀에 '아멘 아멘' 하던 자들이
어느새 편이 나뉘어 고성과 삿대질이 오갔습니다.
말씀은 그토록 은혜로웠는데…

예배당을 나서자 모두 따라 나와 길목을 하나 가득 메우고
또 싸움이었습니다.
야심한 밤, 고성이 오가니 동네 사람인들 잠잠하랴

2,3층 창문 열고 무척이나 겪었던 듯 한 사람이 하는 말
'또 싸움질들이네. 교회에서는 사랑하라고 가르친다매'
재미있다는 듯 자기들끼리 웃고 또 웃는 이웃 주민들,
어느 쪽 한편이라도 온유한 자가 땅을 차지하리라는
주님의 말씀이라도 기억했더라면…

주여, 낮은 데로 임하신 당신은 어디에 있나이까?
'나는 마음이 온유하고 겸손하니
나의 멍에를 메고 나를 배우라' 는
주님의 말씀은 어디로 갔습니까?

오늘도 고성이 오가는 주님의 집 모퉁이 한켠에
또다시 십자가에 못 박혀 말없이 우시는 예수님을 봅니다.

컴퓨터 이야기

인터넷이 '정보 바다' 라 하여
꼬박 하루 날 잡아 들어가 보았습니다
정말 없는 것이 없었습니다

어느 한 사이트를 열어 보았더니
낯이 화끈한 장면이 떴습니다
그것도 단지 '맛보기' 라는데

청년들이 알까 보아 열심히 지웠습니다
안 본 척하려고 지우고 또 지웠습니다

다 지운 줄 알고 있었는데
'검색 결과' 를 열어 보니
내가 찾아본 모든 것이 고스란히 다 담겨 있었습니다

지워도 지워지지 않는 내 죄
마지막 하나님 앞에 서는 날
지워지지 않는 컴퓨터처럼
낱낱이 모든 행적을 기록해 놓은 컴퓨터처럼
나의 죄가 모조리 드러나겠지

컴퓨터 도사에게 다시 물어보았습니다,
지나온 기록을 지울 수는 없냐고
웃으며 하는 말 '이렇게 하면 됩니다'

어느 부분을 클릭하니
'영구히 삭제하겠습니까?'
'그러믄요, 아멘!'

그것은 바로 복음이었습니다.
"나 곧 나는 나를 위하여 네 허물을 도말하는 자니
네 죄를 기억하지 아니하리라"(사 43:25)
진정 회개하는 자마다 기억조차 않으시니

오늘도 컴퓨터를 통해 말씀하시는 정결하신 하나님!

나눔의교회

진수 이야기

노 장로님과 박 권사님 가정의 가슴으로 낳은 아들딸 이야기.

상큼한 여름 바람 타고 진수가 우리 교회에 왔습니다.
진수는 태어난 지 50일 된 남아입니다.
진수 엄마는 미혼모인데다, 몸까지 아파서
아가를 도저히 키울 수 없어
대한사회복지회에 맡겼습니다.
진수가 입양을 기다리는 동안
우리 교회 권사님이 위탁모가 되었습니다.

권사님은 아가가 하나님의 은총을 듬뿍 누리도록
정성으로 예배에 데리고 왔습니다.
함께 지내는 10여 개월 동안 잠시 대모(代母)가 되어
성탄일엔 유아세례도 받게 했습니다.

아가는 첫돌을 얼마 남겨 두고 미국으로 입양되었습니다.
입양 자료엔 아이의 유아세례 받은 자료도 첨부하여,
신앙 안에서 키워 달라는 부탁도 빼놓지 않았습니다.

그 이듬해 봄, 미국의 양부모로부터
아이의 소식이 봄바람처럼 날아왔습니다.
일곱 장이나 되는 파일에 사진을 가득 붙이고는

그 밑에 일일이 설명을 해 놓았습니다.

그곳엔 진수의 행복한 모습이 담겨 있었습니다.
미국에 입양 온 그해 여름부터 가을 그리고 성탄절까지,
놀러 갔으면 놀러 갔다고, 생일이면 생일이라고,
배 타면 배 탔다고…
등에 업고 가슴에 안고…

지극한 사랑으로 사진을 찍고 정리했습니다.
그것도 부족해 빈 여백에 그림과 꽃까지
촘촘히 그려 놓았습니다.
'친부모도 이렇게 못 하겠다' 는 감탄도 잠깐,
두툼한 편지를 읽으면서
저도 그만 감동이 되어 속으로 울고 말았네요.

왜 그랬냐구요?
한국 아이를 둘이나 입양해
서로 외롭지 않게 하려는 배려도 그랬거니와,
그들 아버지의 사망, 어머니의 무릎 수술, 언니의 암 투병 등
싸워야 할 인생의 짐들이 참 많건마는,
그런 와중에서도 '아이들을 볼 때마다 행복하다' 는
그 예쁜 고백이
단지 인사치레의 말로 들리지 않았기 때문이었죠.

진수는 지금 초등학교 2학년이 되었습니다.
물론 미국에서 잘 크고 있습니다.
궁금해하는 권사님 가정에도
진수의 서툰 그림과 어쩌다 한글이 섞인 소식이
나풀나풀 날아옵니다.
양부모는 아이가 언젠가는 찾게 될 자신의 뿌리에
낯설어하지 아니하도록
사려 깊은 배려를 하고 있습니다.
사람 사는 것이 아름답다고 한다면
바로 이런 멋 때문이겠지요.

언젠가 진수도 한국에 오겠지요.
그때 말해 주고 싶습니다.
네가 유아세례 받은 곳이 바로 이 나눔의교회이며,
너는 그때 이미 너를 아꼈던 이분들처럼
하나님의 자녀가 되었노라고.
유아세례 장부도 잘 보관해야 되겠네요.
하나님이 점찍어 놓은 진수의 첫 믿음의 고향을
증거해야 하니까요.

그런데요, 이를 어쩌나요.
'낳은 정보다는 기른 정'이라더니
권사님 부부는 진수 소식을 들을 때마다

듀엣으로 하늘 보고 우네요.
그놈의 정이 무엇인지…

결국 두 분은 나이 오십 넘어 용감하게도 쉰둥이를 낳았습니다.
예쁜 공주님으로.
그리고 호적에 올렸습니다.
그런데 참 재주도 좋으십니다.
하나도 배 안 아프게 낳았으니까요.
이 공주님은 성깔이 대단해서
자기 맘에 안 맞으면 한바탕 난리 블루스를 치지만,
교회 오기만을 손꼽아 기다린답니다.
처음과는 달리 요즘은
얼마나 밝아지고 인사를 잘하는지 모릅니다.

이렇게 함께 나누는 삶이 있어 이 세상은 아름답습니다.
나눔의교회는 아름다운 세상을 만들어 가는
무지개 방앗간이고 싶습니다.
벌써 가을바람이 불고 있네요.

종진이 이야기

우리 교회에 어느 분이 아기를 놓고 갔습니다.

종진이가 나눔의교회에 온 것은 4년 전(1998년)일입니다.
이른 봄 세이레 새벽 기도 끝난 시간
복도에서 잠들어 있었습니다.
하늘에서 보낸 아이처럼 엄마 아빠도 안 찾고
오던 날부터 생글거리며 교인들과 어울렸습니다.
나이는 네 살이고 이름은 종진이라고 그랬습니다.

그로부터 3년이 지난 어느 주일 저녁 예배 후
한 낯선 남자로부터 전화를 받았습니다.
만나자마자 큰절을 올리던 그분은 종진이 아빠라 했습니다.
자초지종을 들어 보았습니다.
종진이를 낳고는 젖먹이 때 부부가 헤어졌답니다.
생활고 때문에 도저히 혼자서는 아이를 키울 수 없어
차를 타고 지나가다 우리 교회가 보여 놓고 갔답니다.
왜 하필이면 우리 교회였냐고 하니
교회 이름이 좋아서였답니다.

그동안 종진이 문제를 놓고 교회와 장로님들과
우리 부모님과 가족이 많은 생각을 하였습니다.

그리고는 다음 두 가지 이유 때문에
함께 있기로 결정하였습니다.

첫째로, 왜 그 많은 교회 중에 하필이면 우리 교회인가?
하나님이 하신 일이라 믿었습니다.
둘째로, 아무런 기약이 없지만 언젠가는 연고자가 나타날 텐데,
그때 잘 키워 주기를 바라고 두고 간 무언의 기대감에
실망을 주어서는 안 된다는 생각이었습니다.
한마디 언질도 없었지만 그 마음을 읽어 주는 것이
교회가 할 일 같았습니다.

그리고 4년이 지났습니다.
이 일로 하나님은 합력하여 선을 이루셨습니다.
종진이가 우리 교회에 있었던 3년 동안
교회는 많은 부흥을 하였습니다.
교인들이 종진이에게 베푼 사랑과 관심은
하늘의 면류관이 되었습니다.
헤어졌던 부모도 다시 합치기로 하고
교회도 열심히 다니기로 했습니다.
종진이에게도 어려웠던 시절 피난처가 있었다는 것이
하나님 은혜였겠죠.

아이에게도 기회 있을 때마다 이야기했습니다.
세상에서 너를 제일 사랑하시는 분은 엄마 아빠라고.
목사님보다 큰엄마보다 더 많이 너를 사랑한다고.
그렇게 사랑하는 엄마 아빠를 우리 집에서 만났습니다.
아이도 울고 부모도 울고 우리 가족도 울었습니다.
그날 이후로 종진이의 가슴은 한없이 커졌습니다.

어르신 예배

매주일 오후 1시반에 어르신들만 따로 모여 예배드립니다.
용돈도 드리고, 목욕도 해드리고, 이미용도 필요시 해드립니다.

이제는 안식의 나이
그래도 삶의 무게는 변함없어

일제에 육이오에 새마을 구호에
조국의 고비를 함께 걸머지고 왔는데
평생에 남은 보상은 하루의 삶뿐

뉘라 하나님 억지로 믿으랴
그곳에 가면 소망이 있다 찾아온 발길
약수 전철역은 출애굽을 이루고
두 시간 전부터 기다린 첫 언어는 할렐루야 아멘

천국 방언 되뇌며 함박웃음 짓고
하늘 찬송 고백하면 어느덧 젊음
70은 아직도 애라며 호기를 부리시는 그들을
우리는 젊은 오빠, 어여쁜 누이라 부른다
이제는 쉬어야 할 나이
다시 져야 할 인생의 짐 변함없건만
돌아가는 걸음엔 하늘 안식 내린다

삼천 원 산타

해마다 12월 성탄의 계절이 찾아오면 나눔의 교인들은 모두 산타가
됩니다. 12월 첫 주에 예배를 마치고 돌아가는 길에 한 번도 쓰지 않은
일련번호까지 맞춘 신권으로 삼천 원씩 장로님들이 나누어 줍니다.
교인들은 그 돈으로 개인이나 가족이나 친구들과 구역끼리 모여
어려운 이웃들을 찾아 돕습니다. 그리고 성탄절 아침에 성탄헌금과 함께
이웃을 섬긴 사랑을 아기 예수님께 드립니다. 따뜻하고 포근하게
이웃과 함께 다사다난했던 한 해를 마무리하고 싶어서입니다.

마음도 얼어붙는
오늘같이 추운 날엔
따뜻한 차를 끓이고 싶습니다

외로운 세상에
기대며 살라고 보내 준 당신과 함께
호호 언 손을 녹이며
사랑의 차를 끓이렵니다

받아도 부담 없고
주어도 가벼운 삼천 원을
은혜로 빚어 만든 질그릇에 넣고

하나 가득 긍휼의 물을 부어
나 죽어 그대 사는 희생의 불로
하얀 밤을 지새우며 달구겠습니다

이내 우러난 진한 차 한 잔으로
춥고 갈한 목축이라 나누면
혹한의 세상에도 봄바람은 불어
천지엔 살맛 나는 내음이 짙겠지요

다시 끓여도
그 맛이 닳지 않는 신비한 차 맛은
십이월에 끓여야 제 맛입니다

나눔의 신비

삼천 원 산타를 시작한 것은 작년(1998년)부터였습니다
성탄을 한 주 앞둔 주일에
삼천 원씩 담긴 봉투 삼백 개를 만들어
전 교인에게 나누어 주었습니다
이 돈 삼천 원으로 성탄절에 예수님의 사랑을 나누시라며

안 하면 안 될 숙제를 받은 아이처럼
교인들은 고민했습니다
일주일 동안 어려운 이웃들을 찾아
순종의 발걸음들을 옮겼습니다
여기저기서 행복한 웃음들이 들려왔습니다

금년에는 오백 개의 봉투를 만들었습니다
그리고 더 많이 고민해 보라고 하였습니다

성탄절 두 주가 지난 지금
삼천 원 산타 보고가 들어옵니다
어느 곳엔 혼자서, 때로는 가정이 함께 모아
어느 곳은 고아원으로 그리고 장애인 시설로
이웃집 할아버지에 소녀 가장과 노숙자에 이르기까지
500여 성도가 구석구석 찾아가 추운 겨울을 녹였습니다

우리는 주었다 했는데 나누고 나니 받은 것이 더 많았습니다
"주는 것이 받는 것보다 복이 있다"(행 20:35)더니
받은 자의 기쁨보다 나눈 자의 행복이 더 커졌습니다

나눔으로 행복을 찾는 나눔의교회
나눌수록 풍성케 하시는 나눔의 하나님

청년, 우리의 소망

교회 청년들의 순수하고 열정적인 헌신에 늘 감동 만땅!입니다.

난 울고 말았어요
그것도 리허설하는 그 밤에 말예요
처음엔 젊음의 몸짓이 혹 지나치지는 않을까 했어요
미리 본 공연 비디오에서는 그런 느낌이 있었거든요
루시퍼의 현란한 제스처, 번쩍이는 사이키 조명,
그리고 형제자매들이 부둥켜안 듯 춤추는 모습이
그들의 의도와는 달리 잘못 비춰질까 정말 조심스러웠어요

그런데
리허설이 진행되면서
그런 염려는 기우인 것을 알았어요
너무도 진지한 표정 때문에
어떤 몸짓도 가벼워 보이지 않았어요
끝내 예수님이 십자가에 못 박힐 때
저들이 먼저 울고 말았지요
그들의 그 눈물은 전염병처럼 번지고…
하나님의 그 사랑 때문에, 예수님의 그 순종 인하여
드디어 주일 저녁
어설픈 무대 장치, 비좁은 공간, 미숙한 동작

그래도 주님 사랑 그 열기는
성전을 하나 가득 채우고도 남았어요

바로 전 순서였던 중고등부 학생들의 'Oh, Happy Day' 립싱크가
깜찍한 기쁨을 선사하더니
주님의 죽으심은 끝내 우리 모두를 또다시 울리고 말았어요

많은 사람과 함께 은혜를 나누지 못한 것이 못내 아쉬워
주일 낮 예배 광고에 온 사력을 다해 광고하고 또 할걸…

끝나고 난 뒤
하나님께서 우리 교회를 이처럼 사랑하신다는 것에
또 한 번 감격하고
우리 교회에 이런 청년들이 있다는 것이 정말 자랑스러웠지요
세이레 새벽 기도 기도하면서, 저녁 시간 짬 내어,
예산 타령 한 번 안 하고,
좁은 공간, 없는 장비 탓하지 아니하고
시작에도 기도요, 끝날 때도 합심 기도
'주의 영광 드리우게 하소서'

막 내린 공연장의 쓸쓸함
그러나 그곳에서 움트는 성령의 새바람
빈 무덤에서 부활의 기운 느끼듯
저들은 분명 우리의 소망입니다

팔푼이 자랑

나눔의교회는요 이름처럼 살아요
어르신 예배에, 삼천 원 산타, 해외 선교와 농어촌 선교
나눌수록 커지는 기쁨을 알지요

나눔의교회는요 봄바람이 불어요
세 분의 장로님은 보고만 있어도 힘이 나고
수고하고 무거운 짐 진 자마다 위로를 얻는
따뜻한 말 한마디, 상큼한 미소의 위력을 알지요

나눔의교회는요 젊고 순수해요
한마디면 끝내 주는 청년들의 순종에,
아이들은 바글바글,
젊은 부부들의 올곧은 믿음에,
하늘을 품는 비전도 있지요
주님 사랑하는 순수함이 얼마나 큰 능력인지 말 안 해도 알지요

나눔의교회는 섬기며 살아요
맥가이버처럼 교회 일을 해결하는 숨은 일꾼에
권사님에 안수집사 말없이 섬기고는 안 그랬다 하누만요

먼저 임직 받은 자가 나중 된 자 발 씻기는
거꾸로 가는 세상, 나눔의교회

그래서 나눔의교회에 나오면 후회하지 않아요
바나바가 감동 주고 이슬비꾼들이 마음을 묶고
끊임없는 사랑의 관심으로 한 번 등록은 영원한 등록이죠

한마디 더 하라면,
영혼 사랑하는 목회자들이 있어
은혜로운 설교에, 서로가 부족한 곳 채워 주는 아름다운 조화

이상은 바나바 교육받는 우리 성도님들의
나눔의교회를 향한 고백이예요

자기 자랑은 팔푼이라 했나요?
그러나 교회 자랑은 머리 되신 우리 주님을 향한 것이기에
그것은 주님 자랑이겠지요

좋은 교회에 다닌다는 그 행복감을 아시는지요?
그 행복을 아는 자들과 함께 살아가는
목회자의 기쁨을 아는지요?
나는 이런 교회에서 목회하는 행복한 목사입니다

홈페이지

교회 홈페이지를 클릭하노라면
배려와 격려의 글에 힘을 얻습니다.

클릭 !
벌써 11만도 넘었네

컴퓨터 앞에 앉을 때마다
지나칠 수 없는 내 사랑

손가락으로 누를 때마다 나타나는 마술
전화도 안 했는데
편지도 안 썼는데
말하지도 않았는데 보이는 사연들

나 혼자 간직할 수 없어 함께 나누니
슬픔은 반이 되고 기쁨은 배가 되어
너와 나를 우리로 묶어 주는 은총의 끈

'걱정 마세요'
'기도해 드릴께요'
'축하해요'
'참 좋겠네요'

'포근한 김 집사님'
'미소가 따뜻한 최 집사님'

듣고 있어도 또 듣고픈 위로의 말
사랑한다 말하며 살아도 짧은 세상에
읽을수록 물안개처럼 차오르는 행복

클릭 !
지금은 11만 2097

컴퓨터 앞에 앉을 때마다
지나칠 수 없는 나의 행복

푸른이의 밤 (1)

'푸른이' 란 청소년 시절에 해당되는 우리말식 표현입니다.
1년에 한 번 치루는 '푸른이의 밤' 행사에서 30년 전의 나를 만났습니다.

어린이, 젊은이, 어버이, 늙은이
인생의 마디마다 순우리말이 있어
청소년 시절을 우리는 푸른이라 명했다

푸르름 속에는
다 자라지 않은 채워짐이 있다
아직 때묻지 않은 신선함이 있다
힘차게 뻗어 가는 푸르름이 있다
그래서 푸른이가 좋다

오늘 푸른이의 밤에서
나는 30년 전의 나를 보고, 우리를 만났다
가을의 길목에서 혜세를 읽고
인생을 생각하며 신앙을 노래했던
그 시절의 나와 우리가 거기에 서 있었다

까까머리, 검은 교복은 사라지고
귀걸이, 노랑머리가 대신했다
그러나 하나님을 기리는
순수한 신앙은 여전하였다

재치와 익살, 번뜩이는 임기응변
중심을 놓치지 않는 신앙의 무게
무엇을 해도 위대한 가능성이 있을
푸른이들을 보면 가슴이 벅차오른다

푸른이들에게서 30년 지난
우리를 보았다
나를 만났다
꿈을 먹기는 매한가지

오늘의 나는 30년 전의 나 그대로다
30년 후의 나는 바로 오늘의 나이다
그래서,
오늘이란 날은 30년 후의 나(我)이다

푸른이의 밤 (2)

'푸른이'들을 보며 정녕 교회의 앞날을 소망합니다.

누가 한국 교회의 앞날을 어둡다 했나
누가 청소년들이 교회를 떠난다 했나

우리는 보았다 그들의 푸른 가능성을
우리는 찾았다 거침없는 끼와 믿음을
우리는 느꼈다 주님 향한 변함없는 사랑을
그리고 알았다 예수 생명 갈망하고 있음을

붉고 푸른 조명에 사이키가 현란해도
개그 콘서트에 인기 시에프를 노래해도
랩 가사에 입 맞추고 경망한 춤 같아도
언제나 서 있는 마지막 자리는 하나님께 영광

인터넷 사이트 따라 하얀 밤을 지새우고
입시에 공부에 제 영혼은 타인에게 팔고
인생길 허무해 자살 신드롬까지 생기더니
스타에 목숨 걸고 외마디 비명 지르는 때에

오직 주님만 스타로 모시며 부를 노래 아는
저 푸른이들을 보며 교회의 앞날을 소망한다

나눔의교회 초대의 글

물 좋아 약수동에
골 깊어 산적도 버티던 버티 골에
20년 전 하늘의 뜻있어
나눔의교회가 섰습니다

내려가고 다시 내려간 지하 골방에서
우리는 어두워도 밝았습니다
울어도 웃었습니다
없어도 있었습니다

그러길 13년에
한 시대에 더 큰 할 일 있어
오직 하나 잃어버린 영혼 찾으라고
하나님은 기적을 보이며
아름다운 성전을 지으셨습니다
그리고 '하나님이 디자인하신 바로 그 교회!' 의
비전을 주셨습니다

감격하고 있기만은 아까운 날들!
그래서 당신과 함께
가슴 벅찬 앞날을 함께 나누고 싶습니다
오십시오

아, 교회가 무엇이길래

_ 에필로그

누군가 네 살 아이를 우리교회에 두고 갔습니다
우리 집에서 키웠습니다
사람들은 아이를 두고 간 그 사람에 대해
그럴 수 있냐고 했습니다
그런데 저는 고마웠습니다
그 아이의 앞날을 교회에 그것도 우리 교회에
믿고 던져두고(?) 갔기 때문입니다
감감무소식으로 3년이 지난 뒤 그 아이를 찾아 온 자는
다름아닌 친아빠였습니다

아, 교회가 무엇이길래 자식의 일생을
말 한마디 없이 던지듯 그렇게 맡길 수 있는 건가요?

하나님이 창조하신 걸작품들은 가정과 교회입니다
영적 존재인 우리는 가정을 떠나 살 수 없듯이
교회를 떠나 살 수 없습니다

교회가 평안하지 않으면 삶이 혼란스럽습니다
교회가 은혜스러우며 얽힌 인생의 실타래도 풀립니다
교회만큼이나 삶의 내용도 비례합니다
하나님의 복은 시온(교회)을 통해 내려오기 때문입니다 (시 128:5)

목사인 저의 삶에 나눔의 교회는
일부가 아닌 전부가 되었습니다
나눔의 교회로 인해 제 인생은 조명을 받았습니다
은혜로 달려온 20년이 그 증거입니다

노회장을 마치는날 퇴임사를 했습니다
"그동안 행복했고, 고마웠고, 감사했습니다.
저는 이제 교회로 돌아갑니다.
공약했던 대로 '지교회가 잘되야 노회가 잘 되는 법' 이기에
저는 우리 교회를 부흥시켜야 합니다."

아,
그리운 이름, 교회
고마운 이름, 교회
영광의 이름, 교회

교회가 무엇이길래
이토록 가을 햇살 스며들듯
내 가슴을 적시는 것인가요?
교회를 세우시고
교회로 불러주신 하나님!
감사합니다, 사랑합니다

이 땅에 교회의 영광이 가득하게 하소서!

인생사계
나눔의 교회 목회이야기

초판 1쇄 2009. 10. 13.
　　2쇄 2011. 12. 05.
　　3쇄 2023. 10. 20. (수정판)

지은이　곽충환
펴낸이　방주석
펴낸곳　베드로서원
주 소　10252 경기도 고양시 일산동구 고봉로 776-92
전 화　031-976-8970
팩 스　031-976-8971
이메일　peterhouse@daum.net
등 록　2010년 1월 18일
창립일　1988년 6월 3일
ISBN　979-11-91921-21-2　03230
책값은 뒤표지에 있습니다.

나눔의교회 : 서울시 중구 신당동 353-25 02-2238-6868

곽충환목사 : bless0288@hanmail.net 010-3737-0191